JN437214

성공하는

Business 마케팅

전 타 식 저

도서출판 두남

불법복사는 지적재산을 훔치는 범죄행위입니다

저작권법 제97조의 5(권리의 침해죄)에 따라 위반자는 5년 이하의 징역
또는 5천만원 이하의 벌금에 처하거나 이를 병과할 수 있습니다.

머리말

이제 직업은 인생이다. 사회로 진출하기 위한 준비와 출발점에 선 많은 젊은 이들은 수없이 많은 시간을 노력과 땀으로 보내고 있다. 자신만의 직업을 갖기 위해서 많은 경쟁력을 만들어 가는 과정을 겪고 있는 것이다. 해마다 넘쳐나는 구직자들은 자신의 차별화를 갖추지 못하면 경쟁에서 도태되는 것이 현실이다. 어떤 인재를 기업에서는 선호하는 것일까?

물론, 기업의 상황이 다르고 하는 일이 달라 원하는 인재도 다른 것이 당연하다. 하지만 공통적으로 기업이 원하는 '인재의 상'은 비슷하리라 믿는다. 젊은이다운 인재, 패기가 넘치고 실수를 통해 새로움에 도전하는 모습을 가진 인재. 이것은 아마도 기성세대들이 수 십 년 전에 겪었던 모습이지만 세월이 지나도 한결같은 요구사항이다. 하지만 기업은 시대의 요청에 따라 더욱 다양한 능력을 요구하고 있을 것이다. 복잡해지고 심해지는 경쟁에서 살아남기 위해 새로운 인재들이 몫을 해주기를 간절히 바랄 것이다. 이를 테면 기본 원칙을 지키고 문제를 해결할 줄 알고 나가서는 고객 하나하나를 상대하고 상담할 줄 아는 컨설턴트 같은 인물을 기대할지도 모른다.

이처럼 사회는 새로운 이들에게 바라는 것도 요청하는 것도 많은 것이 사실이다. 하지만 학교에서 그저 공부만 하던 사람들이 사회에 바로 적응해 나가는 일은 쉬운 일이 아니다. 그런 이유에서 저자는 이 책을 통해 사회에 진출하는 사람들이 성공적인 연착륙을 할 수 있도록 돕기를 희망하며 글을 정리하였다. 이 책은 크게 기본적인 원칙, 지녀야 할 능력, 응용 및 활용의 단계로 나누어 정리하였다.

나만의 무기라는 경쟁력을 위해서 우리는 사회가 원하는 것들을 준비하는 모습이 필요하다. 과연 어떤 일을 내가 할 것인가? 그 분야에서 원하는 것은 무엇인가? 그것을 통해 어떤 것들을 해낼 수 있는가?

이것이 바로 책을 통해 독자가 찾고 얻어야 하는 희망인 것이다.

끝으로 이제 사회 진출을 하기 위한 모든 젊은이들에게 적으나마 이 책이 도움이 되면 좋겠다는 것이 나의 바람이다.

이 책이 나오게 도와주신 도서출판 두남의 전두표 사장님 이하 임직원 모든 분들께 감사드리며 언제나 내게 힘을 주는 나의 아내와 아이들 그리고 가족 모두에게 이 자리를 빌려 고마움을 전달한다.

또한, 희망 하나로 자식을 키우신 나의 어머니께 이 책을 바친다.

2007년 7월

연구실에서 저자

차 례

제1부 성공을 위한 원칙

제 2 부　성공을 만드는 능력

제3부 성공 지원을 위한 활용

제 1 부

성공을 위한 원칙

제 1 장 현대사회와 직업

제1절 직업의 이해

현대사회에서는 직업의 분화 및 전문화로 인한 직업의 종류가 매우 다양화되어 가고 있다. 또한 직업 간의 연관성도 매우 밀접해져 가는 특징을 지니고 있다. 우리나라 노동부의 발표에 의하면 직업의 종류가 1만 4천여 종류가 있다고 하며, 세계적으로 3만 5천여 종류가 있다고 한다. 직업의 분화가 활발해지면서 직업 상호간에 유대관계가 밀접해진다는 사실이다.

직업은 오늘날에 갖지 않으면 안 되는 필수 요소이며, 동시에 한 가지 직업을 통해서 사회적인 직분을 수행하고 있고 자기의 일이 사회에 미치는 영향력이 크다는 사실을 알아야 하는 시대이다. 즉 직업의 사회적 책임의식이 절실히 요청되는 시대라 생각된다. 이처럼 중요한 사회적 의의를 갖고 있는 직업은 그 중요성 또한 크다. 사회에서 사람에 대한 평가를 흔히 그 사람의 직업을 통해 하는 경우가 많이 있다. 즉 그 사람이 자기의 직업에 얼마나 충실한 태도를 갖고 일하고 있으며, 또한 사회적으로 얼마나 잘 직분을 수행하고 있나 보고 평가를 내리고 있는 것이다.

뿐만 아니라 인간의 행복의 실현도 자기의 직업을 통해서 비로소 실현 가능하다고 할 때 직업의 선택이야말로 인생에서 가장 중요한 일 중의 하나라고 할 수 있는 것이다. 따라서 우리들은 직업의 선택을 올바르게 하여야 하는 동시에 그것이 자아실현이라든지 사회적 공헌이 이루어질 수 있도록 하여야 한다는 것이다. 그러기 위해서 우리는 직업의 선택에 대해서 분석하고 철저한 검증을 통해 선택하여야 한다.

1. 직업의 선택

직업이란 인간들의 삶을 영위해 가고 의식주의 밑천을 얻고 있는 인간의 활동이며 직업을 통해서 일정한 보수를 얻고 그것에 의해 자신의 생활을 영위해 가며 가족도 부양하고 있다. 직업의 중요성 중 가장 중요한 면은 직업을 통하여 한 인간의 내적 잠재력을 최고도로 발휘하여 자아실현, 인격형성을 제공해 준다는 것이다.

직업은 생계유지를 위해서도 중요하지만 사람들이 직업에 종사함으로서 사회적 역할을 떠맡고 이것을 수행함으로써 사회에 기여하고 공헌할 수 있으므로 또한 중요하다. 인간의 사회생활은 이러한 직업에 의해서 존속 발전한다.

직업의 개념을 종합해 보면 생계의 유지, 사회적 역할분담, 개성의 발휘 및 자아실현, 계속적인 활동 그리고 노동행위의 수반이라는 요소가 내포되어 있다. 이런 의미를 가진 직업을 선택하는 일은 그래서 중요한 것이다. 우리가 직업을 갖게 되는 경우에 제 2의 인생을 살아가게 되는 일이다. 우리가 어떤 직업을 선택할 것인가 하는 것은 자기의 일생에 있어서 매우 중요한 의미를 갖고 있는 것이다.

헌법에서도 직업선택의 자유를 규정하고 있다. 헌법 제14조의 규정은 "모든 국민은 직업선택의 자유를 가진다."라고 명시하고 있다. 그러나 헌법에서 규정한 직업선택의 자유란 헌법상 기타의 자유권과 같이 일정한 제한을 가하고 있다. 그 제한이란 국가안전보장, 질서유지 또는 공공복리에 위반하는 직엽선택은 전적으로 개개인의 자의에 의해 제멋대로 해도 좋다는 의미는 아니다.

직업선택의 자유를 인정하고 있는 본래의 뜻은 무엇보다도 우선 각자의 개성을 존중하는 것이다. 따라서 각 개인은 그 개성을 가장 잘 발휘할 수 있는 직업을 선택해야 하는 것이다.

2. 직업선택의 중요성

우리는 수많은 직업 중에서 어느 것을 선택하고자 할 때 신중하고도 과학적인 분석을 토대로 하여야 한다.

그 이유는 첫째, 직업선택을 잘 하느냐 잘못하느냐 하는 문제가 바로 본인의 행복에 관계될 뿐만 아니라 자기의 개성발휘나 자아실현을 위해서 절대적이기 때문이다. 둘째, 한 번 선택한 직업은 쉽게 바꾸거나 포기한다는 것이 개인을 위해서나 가족을 위해서 대단히 큰 손실을 가져오기 때문이다. 즉 개인이 일단 선택했던 직업을 바꾸거나 포기한다고 할 때, 포기한 개인 자신의 사회적 공헌이나 자아실현이 중단된다는 불행을 가져올 뿐만 아니라 그것이 개인의 안정이나 가족의 안정에 악영향을 미친다는 사실이다.

셋째, 직업을 선택했다가 쉽게 포기한다는 것은 사회적으로 큰 손실을 끼친다는 점이다. 한 사람의 훌륭한 직업인을 그 직장에서 키운다는 것은 오랜 시간뿐만 아니라 많은 재원이나 장비가 소요된다. 그렇기 때문에 직장을 쉽게 바꾸거나 포기하는 것은 사회적으로 손실을 끼친다는 것이다.

넷째, 이러한 직장변경이나 직장포기는 사회적으로나 기술적 발전에 지장을 초래한다는 것이다. 따라서 우리는 이러한 점을 고려할 때 쉽게 직장의 변경이나 포기는 그만큼 사회역량의 소모를 초래한다는 것을 깨달아야 할 것이다.

따라서 우리는 직업을 선택할 때 과학적이고 치밀한 분석을 통해서 개인적 손실이나 사회적 손실을 초래하는 일도 없도록 해야 할 것이다. 그러기 위해서 직업선택과 관련된 충분한 지식을 가지고 직업을 선택해야 할 것이다. 이렇게 노력하는 것이 직업윤리를 실천하는 하나의 방법이 되는 것이다.

3. 변화하는 직업관

정보통신의 발달은 학벌과 학력의 장벽을 파괴하는 데 지대한 영향을 미쳤다. 디지털 시대인 현대 사회는 인터넷으로 인해 시간과 공간의 제약은 극복됐고 방대한 양의 정보와 자료는 통신망을 통해 쉽게 공유되고 있기 때문이다.

과거에는 근로자의 입장에서 고용안정성(employment)이 중시되었으나 디지털 시대에는 고용가능성(employ-ability)을 중시하는 새로운 근로관이 형성되고 있다. 즉 조직구성원들은 과거처럼 평생 직장의식이 희박해지고 자신의 시장가치에 맞는 직장을 찾아 철새처럼 이동하는 것을 당연시하는 풍조가 생겨났다. 이제 근로자는 직장인이 아닌 직업인으로서의 정체성을 갖고 자신의 가치를 높이기 위한 자기개발 노력이 필요한 때이다.

사회가 급변하면서 '학벌'과 '명목' 보다는 '실리'를 추구하는 경향이 젊은이들을 중심으로 보편화되고 있다. 쓸데없고 거추장스러운 '이름'보다는 제대로 된 능력을 갖춘 실용적인 엘리트의 개념을 새로이 정립해 나가는 추세에 있다.

이제 대학도 '졸업장을 따는' 곳이 아니라 지식사회에 필요한 기본능력을 가르치는 하나의 학습센터(learning center)로 전환될 것으로 전망된다. 사람들이 지식근로자(knowledge worker)나 준 지식근로자가 되어야 하는 능력주의 사회에서 대학이 이에 필요한 소양과 지식을 전달하는 전문교육기관으로 거듭나지 않으면 살아남을 수 없다는 전망이 지배적이다.

몇 년 전 한 신문사가 대학 신입생 2000 여명을 대상으로 한 조사결과에 의하면 '우리사회의 가장 큰 성공요인'으로 학벌이나 배경이 아닌 '경제력'(21.3%)을 꼽았다. 인간관계(16.3%), 실력(14.7%), 노력(13.5%), 학벌(12.2%), 권력(11.2%) 배경(5.8%) 등이 다음 순위에 올랐다. 1980년대 동일한 조사에서 학벌과 배경이 각각 2위와 3위를 차지했던 것과는 상당한 차이를 보이는 결과다. 가능성 있는 분야에서 전문성을 쌓는 것을 중요시하는 신세대들의 사고를 짐작할 수 있게 하는 대목이다.

대학생들의 직업 선택은 학과를 선호하는 방향에도 변화를 주게 되었다. 바로 높은 취업률 중심의 학과를 선호하게 된 것이다.

정보통신, 경영, 광고홍보, 패션디자인 등은 인력 수요가 많은 분야이며 실무중심으로 교육을 실시하다 보니 자연히 취업률이 높아질 수밖에 없다. 또한 그만큼 경쟁률도 치열한 것이 사실이다.

IMF 이후 취업이 어려워지고 능력위주로 고용이 이뤄지면서 진학하려는 대학이나 학과의 향후 전망이나 장래성, 취업률을 고려하는 것이 보편화된 추세이며 직업선택에 있어서 고용안정성에 치중하였으나 미래의 직업선택은 기술과 정보통신의 관련 직종 등을 바뀌어 정보화 사회의 흐름을 타고 있는 것으로 분석된다.

제2절 선택의 기준과 과정

직업과 직장의 선택은 각 개인이 지니고 있는 조건과 직업 및 직장의 조건 등에 따라 많은 차이가 있기 때문에 직업선택에 있어서 절대적 기준이란 있을 수 없는 것이다. 직업선택의 기준으로 '기업의 성장 내지 발전가능성'을 33.9%로 가장 중요시하고 있으며, '급여와 복리후생'이 22.7%, '안정성'이 18.3%, '기술지원'이 9.6%, '인사관리의 합리성'이 6.0%, '기업의 규모'가 4.5%로 조사된 적이 있다.

학자들이 주장하고 있는 직업선택의 기준은 개인의 적성, 직업과 직장의 장래성, 직업의 안정성 등을 들고 있다.

1. 개인의 적성

직업선택에 있어서 제일 먼저 고려해야 할 것은 "자기의 적성이 과연 자기가 선택하고자 하는 직업에 적합한 것인가" 이다. 흔히 적성이라고 할 때에 형식적인 것으로 판단할 수 있는 자료로는 적성검사가 있다. 그런데 적성검사의 결과를 활용할 수 있는 영역이 진학지도의 대부분을 위한 것이라는 한계가 있다. 또한, 적성검사의 결과가 일정한 방향으로 표출되었다고 해도, 그것이 영원불변한 자기의 숙명적인 적성이라고 생각하는 것은 잘못된 고정관념이다. 왜냐하면 적성이라는 것은 선천적으로 지니고 이 세상에 태어나는 것이지만 그것은 누구나 자기의 노력과 취미 그리고 교육과 훈련을 통하여 능력이 개발된다면 그러한 것이 적성의 후천적 변화요인으로 작용할 수 있기 때문이다.

그렇기 때문에 우리가 직업을 선택할 경우에는 적성에 맞는 좋아하는 직업을 선택하여야 할 것이다. 이렇게 선택된 직업에 종사할 때 우리는 만족감과 행복감을 느끼고 자아실현의 길에 한 발짝 더 다가가는 것이다.

2. 장래성

직장의 장래성이란 직장에 대한 앞으로의 전망이다. 모든 직업은 다 소중한 것이라고 할 수 있지만 젊은 사람이 직업을 선택할 때는 그 직업에 적어도 40년 이상 종사해야 할 자신의 평생 직업이 된다고 생각하면 직업의 전망과 장래성을 신중히 고려하지 않을 수 없는 것이다. 특히 현대 사회처럼 사회변동의 속도가 빠른 사회에 있어서는 직업의 장래성에 대해 고려하는 것도 직업선택을 현명하게 하는 중요한 조건이 되는 것이다. 그러나 현대사회에는 직업의 종류도 다양해지고 있으며, 기존의 고정된 사고방식만으로는 예측하기 어려운 정세로 변화되고 있기 때문에 직업의 장래성도 변화되고 있는 것이 현실이다. 그러므로 우리는 직업을 선택함에 있어서 일반적인 고정관념에 의존하기보다는 다양한 시각에서 자기가 선택할 직업의 장래성과 전망을 파악하는 안목을 연마해야 할 것이다. 지금 당장은 보잘 것 없는 한직이거나 낮은 기술수준과 제품수준을 갖고 있더라도 점차 그 필요성이 증대되면 장래성이 있는 유망한 직업이 되는 것이다. 반면에 지금 당장에는 인기가 있는 직업이라도 점차적으로 쇠태하고 결국 사라져 가는 직업의 경우에는 장래성이 없다고 보아야 할 것이다. 그러므로 직업의 장래성 파악에 있어서는 단일하고 고정된 관념에서 판단하기보다는 다각적인 시각에서 판단되어져야 할 것이다.

3. 안정성

직업과 직장의 전망이 불투명한 상태에서 지나친 모험을 하기보다는 평생을 통해 안정된 직장생활을 할 수 있는 직업 또는 직장을 선택하는 것도 중요한 것이다. 특히 경제가 불안정한 상태에 있을 때는 안정된 직장이나 직업이 더 많이 선호된다는 것은 당연한 현상이다. 어떤 직업이 그것을 유지하고 발전시키는 데 새로운 인간적·기술적 도전을 덜 받는 직업이라면 그 직업은 안정성이 있다고 할 수 있다. 반면에 사회구조가 변화되어 가면서 그 직장의 존속이 우려되거나 어떤 조직의 개편을 통해서 통합되거나 폐지될 우려가 있는 직업은 안정성이 없다고 할 수 있다. 또한 연령적으로 육체적으로 제한조건이 있어

한참 일할 나이에 직장을 그만두고 전업해야 하는 직업도 안정성이 없는 직업이라 할 수 있다.

최근 우리 사회의 명예퇴직 문제가 커다란 사회문제로 제기되고 있다. 조기퇴직을 한 사람들의 대부분이 고학력 · 고소득 계층이며, 퇴직한 회사도 중소기업보다는 대기업이 많다는 점이다. 노동부의 통계에 따르면 명예퇴직 바람이 불기 시작한 1995년의 경우 조기퇴직자의 72.4%가 생산직이었고 사무직은 27.6%에 머물렀으나 명예퇴직 현상은 전 세계적인 흐름으로 번지고 있다. 미국과 일본에서도 40~50대의 고소득 화이트칼라(White color)의 대량실직으로 어려움을 겪고 있는 실정이다.

이와 같이 한창 일할 나이에 자신의 능력을 제대로 발휘하지 못하고 자신이 몸담아 왔던 직장으로부터 타율적으로 물러나는 것은 그 개인뿐만 아니라 직장과 사회에서도 결코 바람직한 현상이라 할 수 없다. 따라서 직장의 전망이 불투명한 상태에서 일시적인 방편으로 직업을 선택하기보다는 오랜 기간 안정된 직장생활을 할 수 있는 직장을 선택하는 것은 매우 중요한 것이다.

기타 직업을 선택함에 있어서 고려해야 할 사항은 어떤 직업을 선택함으로써 얻게 되는 경제적 소득이다. 사람들은 누구나 근무조건이 좋고, 보다 많은 소득을 올릴 수 있는 직업이나 직장을 선택하려고 한다. 그러나 직장생활에서의 보람은 반드시 경제적 소득에 의해서만 느껴지는 것은 아니다. 이러한 점으로 미루어 볼 때 경제적 소득이 직업 선택에서 유일한 기준이 될 수 없는 것이다. 하지만 경제적 소득이 직업선택 기준의 요인이 되고 있음을 부인 할 수 없는 것이다.

4. 직업선택의 과정

직업선택은 한 인간이 태어나서 죽을 때까지 계속되는 과정이라 할 수 있다. 이 말의 의미는 직업의 선택이 어느 특정한 시기에 결정되는 것이 아니라 여러 가지 복합적인 요인에 의해서 결정된다는 의미이다. 직업선택의 과정에 관하여는 탐색과 시행단계, 선택단계, 확립단계, 유지단계로 설명하는 경우도 있으며, 공상기, 점정기, 시행기로 나누어 접근하는 경우도 있다. 전자는 연령의 발달에 따른 분류이고 후자는 개인의 성숙에 관련하여 직업선택의 본질을 보는 것이다.

가. 연령발달에 따른 선택과정

연령발달에 따른 직업선택 과정은 네 단계로 구성되어 있다.

첫째, 탐색과 시행단계이다. 탐색과 시행단계는 10세에서 20세 사이에 이루어지는 단계이다.

직업의 선택은 실제 직업을 갖기 훨씬 이전인 초등학교, 중학교, 또는 고등학교 때부터 발달하기 시작한다. 초등학교 때에는 제 나름대로 충동이나 욕구에 의해 즉흥적으로 직업을 선택하기도 하지만, 중학교 이후부터는 학교의 교육과정, 가족과 친척의 직업생활에 관한 견문, 방학 때의 현장실습 등을 통해서 새로운 것을 경험하고 습득함으로써 자기에게 잠재해 있는 가능성과 흥미를 발견하여 그것을 자신의 장래직업으로 선정하게 된다. 여기서 자기의 진로를 결정하고 실제 그러한 직업을 구했다 할지라도 탐색의 시기는 구했다고 할 수 없다. 왜냐하면 20세 이전에 선택한 직업은 자신의 진로를 충분히 생각해서 선택한 것으로 보기 어렵기 때문이다. 우리는 자신의 전 생애를 통해 볼 때, 이 시기에 선택한 직업은 단지 개발적 경험에 지나지 않는 경우가 많은 것을 알 수 있다. 청소년이 처음에 직업을 가지는 때로부터 자기의 장래직업을 정하는 시기까지는 자기 생애의 직업을 음미하고 검토하는 시기라고 할 수 있다. 따라서 이 시기에는 전직하는 경우가 많으며 전직은 시행과 탐색의 결과로 나타나는 것이다. 이 시기에는 마음속으로 직업에 대한 시행과 탐색을 계속하게 된다.

둘째, 선택단계이다. 20세에서 30세 사이의 단계이다. 이 단계에는 처음으로 선택하여 처음으로 직업사회에 발을 내딛게 된다. 이때의 직업의 선택은 탐색의 단계를 거쳐서 어느 정도 방향이 설정되어 있으며 이때 선택한 직업이 곧 인생을 통하여 계속되는 것이 보통이지만 자신에게 부적합함을 깨닫고 전직하는 것도 이 단계에서 많이 이루어진다.

셋째, 확립단계이다. 이 단계는 30세에서 40세 사이에 이루어진다. 30세까지는 시험탐색의 단계를 거쳐 정착하게 되고 확립 단계에 들어간다. 이 연령기는 심신이 활동적이므로 대개 선택한 직업에 대한 성공과 실패의 판가름을 보게 된다. 일반적으로 30세 이후에는 전직은 극히 예외적이다.

넷째, 유지단계이다. 이 단계는 40세 이후부터 시작된다. 대부분의 사람들은

40세 중반에 이르게 되면 그 동안 쌓아올린 토대 위에서 안정을 얻게 된다. 이 시기에는 새로운 분야를 개발하거나 착상하기보다는 그 동안의 활동을 결산하고 승진을 통하여 간부사원이 되는 것이 보통이다.

나. 성숙에 따른 선택과정

성숙에 따른 선택과정의 단계는 세 단계로 구성되어 있다.

첫째, 공상단계이다. 이 단계는 성인생활에 대한 아동의 욕망과 사고에 견주어 묘사된다. 이러한 사고들은 주로 아동에게 가시적인 것에 의해 결정되는 것이 사실인 반면에 그것들은 실제 선택을 급히 할 필요성이 없기 때문에 현실과는 관련할 필요가 없다. 따라서 이 시기에 선택했던 직업이 후에 계속되는 경우는 매우 드물다고 할 수 있다.

둘째, 잠정단계이다. 이 단계에서는 상당한 현실 상황이 선택 상황에 개입된다. 그러나 이 현실성은 개인의 욕구나 야망에 관련된 것이지 반드시 노동시장의 현실과 관련된 것은 아니다. 이 단계에서 중요한 것은 미래에 직업을 결정하는 문제가 있음을 인식한다는 점이다. 그러나 어떠한 결정도 개인의 미래행위에 잠정적 관계가 있고 또한 이때의 선택으로는 실제적 가치보다는 상징적 가치를 더 많이 갖는 경향이 있기 때문에 잠정적일 필요가 있는 것이 강조되어야 한다.

셋째, 실제단계이다. 이 단계에서의 선택은 실제로 그것을 실현한다는 명확한 목적을 지니고 이루어진다. 이 기간 동안에 개인은 종종 자기 자신에 대한 이해와 자신의 능력 그리고 흥미 등과 환경에 의해 주어지는 실제 선택 사이에서 타협을 해야 한다. 그래서 앞 단계에서는 가시성이 지배적이었음에 비해서 이 단계에서는 실현성이 중요한 요소가 된다.

다. 직업선택의 사회적 결정요인

직업선택에 있어서 사회적 결정요인이란 직업선택에 있어서 개인들이 통제하기 힘든 외적인 환경요소를 의미한다. 사회학자들이 주장하는 사회적 결정요인에는 계층문화(class culture), 성(gender), 지역사회의 형태(type of community), 인종(race) 등이 있다.

첫째, 계층문화이다. 개인이 타고난 사회계층의 문화는 그의 직업 선택에 영향을 미치는 가장 중요한 외적 요인일 것이다. 사람의 사회적 실존의 조건을 자세히 성찰해 보면 실로 어처구니없는 한 가지 사실이 있다. 우리가 태어난 집이 어느 계층에 속하는가에 따라 우리의 삶의 기회가 대체로 결정된다는 사실이다. 직업선택을 계층과 관련하여 보면 일반적으로 상류층에서 자란 아이는 좋은 학교에 다니고 되도록 공부를 많이 하며, 그 만큼 좋은 직업을 얻고 나은 직장에 다닐 기회가 더욱 커질 것이기 때문이다. 따라서 개인이 태어난 계층수준이 높을수록 그가 사회적으로 위세가 있으며, 또한 사회적으로 인정도가 높은 직업을 열망하는 가능성이 더 많다는 것이다.

둘째, 성이다. 산업사회에 있어서 여성의 직업적 야망은 남성의 직업적 야망보다 낮다는 것이 일반적 사실이다. 서구사회에서는 이러한 현상이 급속도로 변하긴 했지만 현재에도 그 일반성은 유지된다. 여성이 낮은 수준의 야망을 가지는 주된 이유는 성 역할과 직업 역할에 관한 문화적 풍조에서 찾아야 할 것이다.

즉 남성의 사회적 지위는 주로 남성의 직업으로 결정되고, 남성에 대한 직업의 중요성을 강조하는 지배적인 문화적 규범이 있는 반면에 여성의 경우에 있어서는 직업에 대한 규범적 기대가 없다. 여성의 경제적 활동을 허용하더라도 가정에 있어서 아내로서 또는 어머니로서의 여성의 역할을 강조하는 전통적 가치가 아직도 남아있다. 지위의 문제에 있어서도 여성의 사회적 지위를 결정짓는 것은 여성자신의 직업인 경우는 드물고 아직까지는 남편의 직업에 따라 여성의 지위가 결정되는 경향이 강하다.

셋째, 지역사회의 형태이다. 개인의 직업선택에 있어서 지역사회의 역할을 논의하는 데는 완전한 농촌사회와 완전한 도시사회의 극단적인 형태로 구분하는 것이 보통이다. 이 두 극단적인 사회에서 개인의 야망은 상당히 다양하며 그 변수는 주로 그들에게 제시되는 고용기회가 다양하기 때문이라는 것이 주장되었다. 도시에서는 개인이 선택할 수 있는 직업의 범위가 넓을 가능성이 더 많다. 이것 이외에도 도시 사회에서는 농촌 사회보다도 이 가능성들에 익숙해지기 쉽다. 그 결과 과거의 사회학적 연구들은 도시사회의 사람들은 농촌사회의 사람들보다는 더 높은 수준의 야망을 가질 것이라는 것을 주장하였다.

넷째, 인종이다. 인종이 직업선택에 대한 제한요인으로서 작용한다는 것은 영국에 있어서 소수인종의 위치로 보아 매우 명확하다. 1950년대 후반과 1960년대 초반에 있었던 아시아인과 서인도들이 영국으로 대규모로 이민 왔던 주된 이유는 일거리를 구하기 위해서였다는 것은 일반적으로 수긍이 가는 사실이지만 이주민들은 야망은 높았으나 선택은 매우 제한되었다. 차별 금지법에도 불구하고 이민 노동력은 국유화된 기업, 특히 운송업과 건강 서비스로 유인되었다. 사기업에 있어서는 직물과 경공업에 이민 노동력이 대부분 취업되었다. 제한된 취업기회의 원인은 어느 정도의 인종차별과 이민 당시의 기술수준이 낮았다는 것과 꼭 취업하겠다는 욕망 때문인 것이다. 미국 사회에서도 일반적으로 백인들의 야망 수준은 사회경제적 배경과는 관계없이 흑인들의 야망 수준보다 높다고 한다. 그 결과 흑인들은 백인들보다 육체적 직업을 갖게 되는 기회가 많았으며 반면에 백인들은 사무직과 전문직을 더욱 열망하였다.

라. 직업선택의 제한요인

직업선택의 제한요인이란 개인이 그 직업에 진입하는 것을 제한하는 요소들을 의미한다. 즉 제한요인은 거의 모든 직업에 진입하기 위해서 갖추어야 할 자격요건을 의미한다. 그러한 제한들은 거의 모든 직업에 공통된 특징이다.

예를 들면 학력에 의한 제한, 자격증에 의한 제한, 연령에 의한 제한, 구직수에 의한 제한, 국가차원에서의 제한 등이 있다.

우리나라 사기업의 경우는 전문대학졸업 또는 4년제 대학 이상으로 제한하고 있는 경우가 많다. 이런 경우는 개인은 아무리 실력과 능력을 가지고 있어도 그 직업에 취업할 기회는 거의 없는 것이다. 그러나 공직과 공기업의 경우는 학력에 의한 제한은 거의 없어졌다. 연령에 의한 제한은 공직과 공기업 그리고 사기업의 모든 경우에 제한을 두고 있다. 연령제한도 학력조건을 갖추고 있어도 연령제한에 초과하면 그 직장에 취업할 기회는 없는 것이다. 자격증에 의한 제한은 기술직과 기능직의 경우에 많이 있다. 구직 수에 의한 제한은 희망직업의 수용인원의 문제이다.

예를 들면 구직자가 적재적소의 인재라 할지라도 수용인원에 한도가 있으면 채용될 수 없는 경우이다. 이 요인은 경제상황과 밀접한 관련이 있다. 그러나 위의 제한 중에서 학력에 제한은 점차 없어지고 있다. 소위 '학력파괴'라는 명칭으로 일부 대기업과 공기업에서 시행하고 있다. 이러한 것은 바람직한 경향이라 생각된다.

사례

취업전선에도 UCC 떴다
<사용자제작콘텐트>

올해 2월 서울대 언론정보학과를 졸업한 김수현(24)씨는 작년 하반기 내내 취업전선에 뛰어다녔다. 대기업 10여 곳에 지원했지만 계속 고배를 마셨다. 김씨는 '기업들이 나를 외면하는 이유가 뭔지'를 곰곰이 연구한 끝에 원인을 찾아냈다. 실제로는 활달한 성격인데도, 겉으로는 너무 얌전하고 소극적으로 보이는 것이 문제였다. 자기 소개서에 '대학 때 댄스 동아리에서 활동하고 영화제작을 좋아할 만큼 적극적인 성격'이라고 썼지만, 짧은 면접시간에 면접관들에게 그런 모습을 보여주는 데 실패했다. 그녀는 궁리 끝에 '비밀 무기'를 준비했다. 올해 초 SK커뮤니케이션즈 면접 때였다.

면접때 '나만의 개성' 전달에 딱…
살사 댄스 · 패러디 작품 등 선보여…
기업도 UCC 제출자 선호

그녀는 열정적으로 몸을 흔들며 살사 댄스를 추는 동영상을 틀었다. 면접관들이 폭소를 터트렸고, 결과는 '합격'이었다. 면접관들은 "침착한 모습 속에 끼와 열정이 숨어 있어 기억에 남았다"고 평가했다. 김씨는 "자기소개서로는 결코 보여줄 수 없는 나의 모습을 동영상으로 보여줄 수 있어 입사에 성공했다"고 말했다.

동영상 PR 시대

취업 준비생들 사이에 UCC(User Created Content · 사용자제작콘텐트)열풍이 불고 있다. 자기소개서나 이력서처럼 판에 박힌 PR수단에서 벗어나 자신의 모습을 보다 생생하게 보여주는 방법으로 UCC를 활용하는 것이다. 기업들도 다양한 업무에서 사원들의 UCC제작 · 운영 능력이 필요해지자, UCC를 제출하는 지원자를 선호하는 추세다.

SK커뮤니케이션즈 인사 담당자들은 올 초 채용 면접을 하면서 깜짝 놀랐다. 면접장에 지원자들이 UCC를 들고 온 것이다. 인턴활동 장면 등을 동영상으로 찍어 한편의 드라마처럼 만든 것, 자신의 사진을 영화 포스터와 합성한 패러디 작품, 요가 동작으로 회사이름을 표현해 플래시로 제작한 작품까지 각양각색이었다. 이 회사 홍보팀 심예원씨는 “올해 합격자 30명 전원이 UCC를 활용했다”며 “지원자들은 동영상, 플래시 등을 지접 만드는데 익숙한 실력을 갖추고 있었다.”고 말했다.

취업포털 사이트 ‘커리어’가 지난 4월 구직자 3398명을 대상으로 조사한 설문에서 33%(1122명)가 “입사서류에 UCC 동영상을 이용 하겠다”고 대답했다. 또 채용정보사이트 코리아잡서치가 지난달 대학생 350여 명에게 실시한 설문조사에서도 “입사에 UCC를 활용하는 것은 효과적이다”라는 대답이 절반 넘게 나왔고 “이미 활용했거나 곧 제작할 계획”이라는 대답도 22.5%를 차지했다.

지난 3월 경기도 취업박람회 ‘열린 일자리 한마당’에서 처음으로 마련된 ‘UCC 동영상이력서 전(展)’에도 ‘UCC’를 활용하려는 구직자들이 몰렸다. 카메라로 직접 동영상 이력서를 찍어 박람회 현장에서 각 회사 인사담당자들에게 보여줄 수 있도록 했는데 300여 명이 참가했다.

기업들 “UCC를 우대합니다”

신입사원을 뽑는 전형 방식으로 UCC를 선호하는 기업들도 늘고 있다. 어학능력이나 자기소개서 내용만으로는 ‘필요한 인재’를 뽑는데 한계가 있기 때문이다. 최근 수시채용을 마감한 LG데이콤의 권영진 과장은 “많은 수는 아니지만 지원서에 직접 만든 PPT(파워포인트)파일 같은 UCC를 첨부해 보내주는 지원자들이 있었다.”면서 “앞으로도 이런 적극적인 자세는 긍정적으로 평가될 것”이라고 말했다. 포털 사이트 다음의 인사 담당자도 “갈수록 능력이 비슷한 구직자들은 넘쳐나는데 그중 옥석을 가리는 것이 힘들다”며 “지원자들이 보내주는 개성을 드러내는 UCC가 도움이 된다.”고 말했다.

UCC제출자를 우대한다고 공개적으로 발표하는 기업도 생겼다. 지난달 25일 입사지원을 마감한 식품업체 정식품은 “UCC 제작 및 운영 가능자를 우대하니 지원서에 UCC를 담은 CD를 동봉하라”는 채용공고를 냈다. 정식품 인사 담당자는 “요즘 인터넷을 통해 입소문처럼 퍼져나가는 바이럴마케팅(viral marketing)이 중요해진 만큼 영업과 사무관리직에서 UCC를 다룰 수 있는 능력이 반드시 필요하기 때문에 이런 전형을 마련했다”고 말했다.

취업사이트 커리어 이인희 대리는 “요즘 젊은이들은 디카(디지털카메라)나 휴대폰으로 동영상을 찍는 것이 이력서를 쓰는 것보다 익숙한 세대”라며 “기업들 사이에 UCC 면접이 빠르게 확산될 전망”이라고 말했다.

김수현(오른쪽·24·서울대 졸업)씨가 올해 초 SK커뮤니케이션즈 입사 면접에서 UCC 동영상을 면접관들에게 보여주며 자기 소개를 하는 모습을 재연해 보이고 있다. ☞ **동영상** chosun.com

정경열 기자 krchung@chosun.com

신입사원들이 말하는 '성공적인 UCC 만드는 법'

❶ 꾸미지 않은 모습을 보여줘라.

❷ 짧고 인상 깊게 만들어라.

❸ 사진 등 편집에 신경 써라.

❹ 회사가 원하는 인재상을 담아라.

❺ 재미있게 만들어라.

출처: 조선일보 2007년 6월 15일

제2장 자신을 진단하라

제1절 자기 분석

1. 네 자신을 알라!

수많은 직업이 다양하게 존재하고 있다. 하지만 가자가 갖고 있는 능력은 서로 다르다. 성격(personality)도 다르며 그가 배워온 환경(environment)이며 여러 가지 상황이 서로 다르기 때문에 그저 남들이 객관적으로 좋아하는 직업을 자기에게 맞다고 판단하기에는 조금 무리가 있다.

직업을 선택하는 데 있어서 자신의 성격도 중요하다. 물론, 직업의 미래성, 안정성도 중요한 것처럼 스스로에게 얼마나 맞는지를 판단하는 것은 더욱 중요하다. 먼저 자신의 적성이라고 하는 것을 기준으로 볼 때, 어느 직업에 종사할 것인지를 개인 스스로가 판단해야 한다. 그러기 위해서 '나는 과연 어떤 사람인가'를 스스로 파악해 보자.

사람의 유형을 구분하는 방법에는 여러 가지가 있다. 그 중 자주 활용하는 방법으로 사람을 4가지 성향으로 구분하는 방식이 있다. 일반적으로 사람들이 태어나서 성장하여 현재에 이르기까지 자기 나름대로의 독특한 동기요인에 의해 선택적으로 일정한 방식으로 행동을 취하게 된다. 그것은 하나의 경향성을 이루게 되어 자신이 일하고 있거나 생활하고 있는 환경에서 아주 편안한 상태로 자연스럽게 그러한 행동을 하게 된다.

우리는 그것을 행동 패턴(behavior pattern) 또는 행동 스타일이라고 한다. 사람들이 이렇게 행동의 경향성을 보이는 것에 대해 1928년 미국 콜롬비아 대학 심리학과 교수인 William Mouston Marston 박사는 독자적인 행동유형모델을 만들어 설명하고 있다. Marston 박사에 의하면 인간은 환경을 어떻게 인식하고 또한 그 환경 속에서 자기 개인의 힘을 어떻게 인식하느냐에 따라 4가지 형태로 행동을 하게 된다고 한다.

이러한 인식을 축으로 한 인간의 행동을 Marston 박사는 각각 주도형, 사교형, 안정형, 신중형 즉 DISC 행동유형으로 부르고 있다.

DISC는 인간의 행동유형(성격)을 구성하는 핵심 4개 요소인 dominance, influence, steadiness, conscientiousness 의 약자이다.

2. DISC의 일반적 특징

인간의 행동유형을 구성하는 4개 요소인 DISC는 그 나름대로의 특징들을 가지고 있다.

가. 주도형(dominance)

주도형의 인간 유형은 결과를 성취하기 위해 장애를 극복함으로써 스스로 환경을 조성하는 유형이다. 구체적으로 그들의 행동은 다음과 같은 특징이 있다.

(1) 빠르게 결과를 얻는다.
(2) 다른 사람의 행동을 유발시킨다.
(3) 도전을 받아들인다.
(4) 의사결정을 빠르게 내린다.
(5) 기존의 상태에 문제를 제기한다.
(6) 지도력을 발휘한다.
(7) 어려운 문제를 처리한다.
(8) 문제를 해결한다.

주도형의 인간유형인 사람들은 어떻게 응대해야 긍정적인 파트너로 만들 수 있을까?

사람을 자기편으로 만드는 것은 매우 어려운 일이지만 이러한 유형의 패턴 파악을 통해 좀 더 용이하게 접근할 수 있을 것이다. 그것은 어쩌면 비즈니스를 준비하는 사람으로서 기본적으로 갖추어야 할 덕목인지도 모른다. 먼저 주도형 유형은 결과를 중요시 여기는 사람임으로 다른 유형에 비해 성격이 급한 사람들임에 틀림없다. 또한 그들의 주장도 강한 카리스마가 있는 리더의 유형으로 분류할 수 있다.

이런 사람들에게는 결과를 먼저 이야기 해 주는 접근이 필요하다. 본론이 늦어지면 이들은 기다리거나 더 이상 듣고 있기를 싫어하는 것이 대부분이다.

또한 그들의 직급이 있다면 미팅시 직급을 불러줌으로 인해 좀 더 친근한 감정을 주고받는 것이 이들에게는 필요하다.

나. 사교형(influence)

사교형의 인간 유형은 다른 사람을 설득하거나 영향을 줌으로써 스스로의 환경을 조성하는 유형이다. 구체적인 그들의 행동은 다음과 같은 특징이 있다.

(1) 사람들과 접촉하기를 좋아한다.
(2) 호의적인 인상을 준다.
(3) 말솜씨가 있다.
(4) 다른 사람을 동기유발시킨다.
(5) 열정적이다.
(6) 사람들을 즐겁게 한다.
(7) 사람과 상황에 대해 낙관적이다.
(8) 그룹활동을 좋아한다.

이러한 특징들을 소유하고 있는 사교형 사람들은 어떻게 응대하며 파트너십을 만들어 가야 하는가? 사교형의 인간유형은 그들 스스로가 남과 이야기 하고 남에게 영향을 주는 것을 좋아함으로 친해지기에는 다른 유형에 비해 좀 더 용이하다. 이들은 다양한 표정과 제스처를 통해 고객들과의 상호작용에도 늘 편안하게 이루어 나가기 때문에 가능하면 딱딱하고 경직된 업무이야기로 접근하기 보다는 편안한 일상의 이야기로 그들의 이야기를 시작하기를 바란다.

예를 들어, 그가 요즘 관심을 가지고 있는 골프 이야기라든지, 한참 재미를 보는 주식이야기라든지 등등 생활 이야기로 그와 이야기를 시작한다면 크게 무리 없는 대화를 진행 할 수 있을 것이다.

물론 대화의 장소도 사무실, 회의실 보다는 사교형 유형은 음악이 있는 커피숍이나 야외 편안한 장소가 오히려 좋은 장소가 될 수 있다. 또한 이들은 계약도 좋지만 정성적인 부분에 호소하는 것도 원하는 유형이다. 친한 사람끼리의 정적인 부분을 다루어 주는 것이 그들에게는 더욱 호소할 수 있는 부분일 수 있다.

다. 신중형(conscientiousness)

신중형의 인간 유형은 업무의 품질과 정확성을 높이기 위해 기존의 환경 안에서 신중하게 일하는 유형이다. 좀 더 구체적인 그들의 행동 특징은 다음과 같다.

(1) 중요한 지시나 기준에 관심을 둔다.
(2) 세부사항에 신경을 쓴다.
(3) 분석적으로 사고하고 옳고 그름, 장점과 단점을 신중히 고려한다.
(4) 외교적 수완이 있다.
(5) 갈등에 대해 간접적 혹은 우회적으로 접근한다.
(6) 정확성을 점검한다.
(7) 업무 수행에 대해 비평적으로 분석한다.

이런 특징을 소유하고 있는 신중형 사람들은 우리 주위에도 많이 볼 수 있다. 특히 관료형의 스타일로 공공기관이나 혹은 전통적인 금융권 부분에서 일하는 유형 중에 신중형 스타일의 유형들을 자주 볼 수 있게 된다. 이러한 신중형 사람들은 정확하고 명확한 것을 선호하기 때문에 알고 있는 사실도 물어서 확인하는 사람들이다. 결과도 중요하지만 실수하지 않아야 한다는 생각이 더 지배적이다. '아는 길도 물어가는' 유형의 사람들이다. 이런 유형의 사람들과 비즈니스를 하기 위해서는 정확한 자료와 데이터가 필요하다. 구두로 내용을 전달하기 보다는 이미 검증된 사실과 결과를 보여줌으로 인해 신뢰를 증진시키는 방법이 좋은 접근 방법이 될 수 있다. 또한, 다른 동종업계에서의 도입으로 인한 결과 개선을 눈으로 보여줌으로써 의심이나 의혹을 깨끗이 정리할 수 있는 유형의 사람들이다.

라. 안정형(steadiness)

안정형 유형의 사람들은 과업을 수행하기 위해서 다른 사람과 잘 협력하는 특징을 가지고 있다. 구체적인 그들의 행동 특징은 다음과 같다.

(1) 예측가능하고 일관성 있게 일을 수행한다.
(2) 참을성을 보인다.
(3) 전문적인 기술을 개발한다.
(4) 다른 사람들을 돕고 지원한다.
(5) 충성심을 보인다.
(6) 남의 말을 잘 듣는다.
(7) 흥분한 사람을 진정시킨다.
(8) 안정되고, 조화로운 업무 환경을 만든다.

주로 연구직이나 개발직에서 많이 보여지는 유형의 스타일이다. 잦은 변화에 적응하기를 별로 선호하지 않고 주로 안정적인 것에 투자하는 편이다. 물론, 새로운 것이 안정된 가능성을 보장한다면 관심을 갖기도 한다.

주로 안정형 사람들은 여러 가지 기업의 제품 중에서도 계절적인 요소에 유행을 타는 제품은 별로 선호하지 않는 경향이 있다. 말하자면 스테디 셀러를 선호하는 경향이다. 꾸준하게 지역에 상관없이 계절에 상관없이 지속적인 판매가 이루어지는 것을 좋아하는 유형이다.

이런 유형의 사람들과 잘 대응하기 위해서는 주력 상품 위주로 소개하며 그들이 의사결정 시 편안하고 안전하게 할 수 있도록 만들어 주어야 한다. 물론 기업에 대한 로열티가 있음으로 기업도 개인도 모두 혜택을 얻을 수 있다는 강한 메시지를 전달해야만 그들은 선택하고 결정하게 될 것이다.

제2절 자기진단을 위한 SWOT 분석

1. SWOT 분석

경영에서 전략을 수립하기 이전에 하는 제일 처음의 일은 바로 상황을 분석하는 일이다. 기업을 둘러싼 주위의 환경을 차근차근 분석함으로 기업이 어떤 방향으로 가야하는지를 정확하게 파악하는 일이다. 물론, 다음 단계에서는 그 상황 분석을 통해 파악된 자료를 통해 기업의 강점과 약점, 기회와 위협의 요인을 파악하는 과정을 거치게 된다. 그것이 바로 SWOT 분석이다.

SWOT(strength, weakness, opportunity, threat) 분석은 내부에서의 강점과 약점, 외부에서의 기회요인과 위협요인을 구분하고 내 눈높이에 맞는 전략을 수립하도록 만드는 출발점이라 할 수 있다.

기업뿐만 아니라 개인의 경우도 다르지 않다. 다양한 환경과 상황에서 나를 찾아내고 나에 맞는 적합한 직업을 찾아내기 위해서는 가장 먼저 나 자신을 알아야 한다.

그것이 부모나 선배의 권유로 평생 동안 내가 할 일을 선택하게 되는 것과는 차원이 다르다. 많은 사람들이 검사, 의사가 돈을 많이 벌 수 있고 좋은 직업이라고 해서 나의 의지와는 상관없이 그것을 선택하던 시대는 이미 오래전에 끝났다. 요즘 젊은이들은 남들 앞에서 자기의 재능을 보여주기를 좋아한다. 그래서인지 그들의 선호 직업 중 하나는 연예인이다.

하지만 그들 부모의 대부분은 아직도 연예인을 광대로 폄하하여 창피하게 생각하는 경우가 있다. 그것은 시대의 착오며 이미 직업 세계를 이해하지 못하는 '인식의 틀'이라고 할 수 있다. 이렇듯 자신의 직업을 찾아가는 진정한 가능성을 찾기 위해서는 자기만이 아는 스스로의 모습을 파악하는 것이 중요하다.

자신을 둘러 싼 많은 상황들을 분석함으로 얻어진 데이터와 정보를 활용하여 개인의 모습을 내적 혹은 외적 환경을 통해 바라보고 내부적인 요소에서는 자신의 강점과 약점을 파악한다. 또한 외부적인 요소에서는 주변에서 일어나는 정치, 경제 사회, 문화 등의 변화가 자신이 하고자 하는 일에 어떤 영향을 주고 있는지 SWOT 분석을 통해 제대로 파악해 보는 것이 필요하다.

SWOT 분석을 통해서 얻을 수 있는 혜택은 개인의 속성을 이해하고 자신에 대한 투자의 비용을 줄일 수 있게 된다. 물론 SWOT 분석을 통해 실제적인 자신을 파악함으로 덜 소모적이고 더욱 정확하게 자신에게 투자할 수 있게 한다. 또한 정확한 진단과 파악이 더욱 효과적인 양적, 질적인 정보를 활용할 수 있도록 만든다.

가. SWOT 분석시 유의점

(1) 초점을 맞추어라(Stay focused)

분석시 너무 방대한 분석은 의미를 상실할 수 있게 된다. 가능하면 자신의 어떤 모습을 중심으로 분석할 것인지 좀 더 구체적으로 나누어 분석 할 필요가 있다.

(2) 폭넓은 경쟁자 찾기

분석의 경우에 경쟁자 하나만을 조사 할 것이 아니라 일반적인 자신 주변의 경쟁자를 제대로 파악하여야 한다. 물론 이런 경우 현재 눈에 보이는 부분이외에도 잠재적인 부분까지도 조사하여 가까운 미래에 만날 수 있는 경우의 수를 사전에 예방해야 한다.

(3) 주변 요소와 연결하라

SWOT분석은 정보를 공유하여 주변의 여러 요소와 연결시킴으로 더욱 확실한 해결책을 찾아낼 수 있다.

(4) 객관적인 자신을 파악하라

남들이 나를 위해 정확하고 매섭게 지적하는 부분에 대해서 주저없이 자신의 파악요소에 추가해야 한다. 그것은 내가 바라보는 나의 후한 점수보다는 좀 더 객관적이고 냉정한 모습일 수 있다.

(5) 특징 아닌, 이유를 찾아라.

일반적으로 SWOT분석은 나의 특징을 찾아내는 것이 아니다. 즉, 왜 내가 이렇게 행동하는지? 혹은 왜 내가 이런 강점, 약점이 있는지? 에 대해서 그 이유를 찾아내는데 주력해야 한다. 그것은 이유가 파악되는 순간 나의 문제는 해결될 수 있기 때문이다. 단지 분석을 통해 나의 특징들만을 찾아낸다면 그것은 더 발전된 나를 만들 수 없으며 이유에 대한 답변을 찾아내는데 시간을 허비할 수 있기 때문이다.

나. SWOT 분석의 4요소

SWOT분석의 4요소는 내부적인 나의 강점과 약점, 외부적인 환경이 나에게 영향을 미칠 수 있는 기회와 위협의 요인으로 정리될 수 있다.

(1) 강점과 약점

중요한 것은 내가 생각하는 나의 강점과 약점 이외에 다른 사람들이 바라보는 나를 찾아내는 것이다. 물론, 나의 정직한 진단도 필요하다. 그것이 성격뿐만 아니라 나의 가족과 관련된 사항도 여기에 포함된다. 가정의 환경 혹은 집안의 가족문화 등등이 나의 강점과 약점에 영향을 줄 수 있기 때문이다. 또한, 나의 건강상태, 재정문제, 혹은 사소한 능력부분도 여기에서 다루어 질 수 있다. 이러한 복잡한 것들을 통해 내가 과연 어떤 위치에 있는지를 평가하는 것이다. 이러한 과정에서 스스로의 자아를 찾아내고 내가 어떤 상황인 것을 평가하게 된다. 비로써 이제 내 강점과 약점이 인식되는 순간이다. 실제로 우리는 이런 작업과정을 통해 한 번도 돌아보지 못한 나의 모습을 만날 수 있게 된다. 그런 후 이제 나의 갈 길이 어떤 방향인지도 고민하게 된다. 바로 SWOT분석에서 원하는 것은 이러한 과정에서의 자신을 찾는 것이다.

머릿속에서 나 자신을 찾는 것이 아니라 직접 그려보고 써 보면서 나의 진정한 위치를 찾아내는 것이다.

(2) 기회와 위협

세상은 언제나 내 마음대로 움직일 수 없다. 그것은 나를 둘러 싼 외부 환경이라는 것이 존재하기 때문이다. 하지만 외부 환경은 나에게 혜택도 될 수 있지만 나의 기회를 빼앗아 갈 수도 있다. 얼마나 나의 능력과 부합이 되며 내가 속한 여러 가지에 영향을 주게 되는가를 미리 예견할 수 있다면 환경에 적응해 가는데 큰 도움이 될 것이다. 그러나 이것은 너무도 어려운 일이다. 그렇기 때문에 우리는 나에게 오는 기회를 만들기 위해 자신의 능력을 늘 파악하고 있어야 한다. 그것은 한편으로는 위협의 요인을 극복할 수 있는 경쟁력이 될 수도 있다.

이따금 우리는 위협의 요인을 기회로 만드는 경우가 있다. 그것은 우리가 평소 많은 준비를 통해 이겨내는 자신의 비법을 만드는 것이다. 물론, 비법이라는 것은 끝없는 연습과 훈련에 의해 이루어진다.

이처럼 SWOT 분석을 통해 우리가 얻어내는 4가지 요소를 통해서 각자가 준비해야 하는 기본적인 사항들을 파악하고 어떻게 훈련하고 만들 것인지 스스로 발견해 내야만 한다.

특히, SWOT 분석을 통해 얻어낸 정보를 중심으로 그림에서 보는 것처럼 약점은 강점으로 위협의 요인은 기회의 요인으로 어떻게 전환시킬 것인지를 각자가 그 해답을 찾아야 한다. 특히 외부요인인 위협과 기회의 요인은 통제 불가능 한 경우가 자주 있게 된다. 그럴 경우 위협요인을 피할 수 없다면 어떻게 그 위협요인을 최소한으로 줄일 것인가를 심도 있게 고민하고 그 방법을 찾아내야 한다.

쉬운 일은 아니다. 하지만 그 과정을 거치고 찾아내야만 우리는 생존 게임에서 살아날 수 있게 된다. 생존게임에서 주변의 남들이 나를 살려주지는 않는다. 다만 그들은 안타깝게 나를 바라볼 뿐이다. 나를 생존하도록 하는 것은 바로 우리 자신인 것이다.

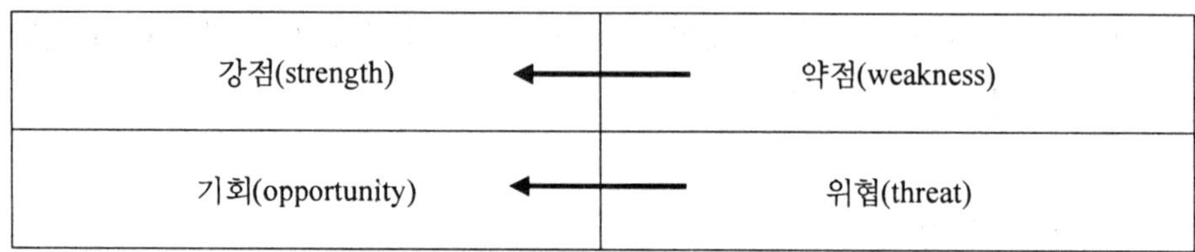

〈그림 2-1〉 SWOT 분석 틀

그림의 틀을 이용해 각자의 분석을 실시한 후 우리가 하고자 하는 것은 자신의 약점과 위협의 요인을 어떻게 강점과 기회로 방향 전환 할 것인가를 고민하고 그 숙제의 해답을 찾아내는 일이다.

각자의 모습을 상상해 보자. 현재 이 틀에 맞추어 자신을 투영해 보자.

'나는 얼마나 많은 강점을 지니고 있는지? 혹시 나는 약점 투성이는 아닌지? 또한 현 시점에서의 나는 어떤 직업에 적합할 지?'

과연 나의 현재 모습은 내가 원하는 직업을 얻기에 충분한가? 아니면 그것을 얻기 위해서 무엇을 준비해야 하며 어떤 것들을 필요하도록 하는지 파악하고 찾아내야만 한다.

이 과정이 나와 내 미래의 모습을 스스로 앞당기는 작업이며 결국 내가 원하는 일을 내가 준비하고 만들어 좀 더 확실하고 후회하지 않는 직업을 찾아내도록 하는 기본 과정인 것이다. 아직 이러한 작업을 한 번도 진행해 보지 않았다면 이제 우리는 나만의 모습을 찾아내는데 시간을 투자해야 한다.

사례

"취업 어려우니까…" 묻지마 입사 → "이 길이 아니야" 초단기 퇴사

'메뚜기 직장인' 늘었다

박모(31.서울)씨는 2004년 K대학 졸업 후 3년간 세 번 직장을 옮겼다. 첫 직장은 해외 근무 기회가 많은 H공사였다. 막상 입사한 후 박씨는 선배들로부터 "불안정하게 외국을 떠도는 생활이 힘들다"는 말을 들었다. 그는 곧 사표를 냈다. 두 번째 직장은 연금 관련 공기업이었다. 잦은 해외 근무도 없는 안정된 직장이었다. 하지만 시간이 흐르자 단조로운 직장생활이 지루해졌다. 박씨는 다시 이력서를 넣기 시작했고 8개월 만에 어느 국책은행에 합격했다. 시간 여유도 있고 전문성도 키울 수 있었다. 반년을 넘기지 못하고 그는 또 사표를 냈다. "공부를 더 하고 싶다"는 게 이유였다. 주위에선 "그 좋은 직장들을 왜 그만 두느냐"고 걱정하지만 그는 "내 길이 아니라고 느꼈다"고 말한다.

신입사원 3명중 1명꼴 입사1년내 그만둬.
잦은 이직 땐 조직 부적응자로 찍힐 수 있다.

요즘 젊은이들 사이에 한 직장에 진득하게 붙어 있지 못하고 1년 내에 메뚜기처럼 다른 곳으로 옮겨 다니는 '초단기 떠돌이 직장인'이 늘고 있다.

지난 1월 취업 전문 사이트 '잡코리아'가 855개 기업은 조사한 결과 입사 1년 안에 회사를 그만둔 '초단기 퇴사자'의 비율이 30.1%에 달했다. 신입사원 셋에 한 명은 입사 1년 안에 회사를 떠난 셈이다. 통계청의 '2006년 청년층 경제활동인구 부가조사'에서도 청년 구직자의 68.9%는 2년 안에 첫 직장을 그만둔 것으로 나타났다. 3년 이상 한 직장에 다닌 비율은 18.3%에 그쳤다.

'묻지마 입사'가 이직(離職) 부른다

젊은이들의 초단기 퇴사율이 높은 것은 취업난 탓이 크다고 전문가들은 말한다. '인크루트'의 정재훈 주임은 "취직이 어렵다 보니 일단 들어가고 보자는 식의 '묻지마 입사' 심리가 널리 퍼졌고 그만큼 첫 직장을 그만두는 젊은이도 늘어났다고"고 말했다. 적성이나 희망을 고려하지 않은 채 입사한 후 적응에 어려움을 겪다가 회사를 떠나는 이들이 많다는 뜻이다.

대전에서 국립대를 나온 최모(27)씨의 경우도 비슷하다. 그는 현재의 직장(한국수자원공사)을 찾기까지 3년 동안 두 번 직장을 그만뒀다. 첫 직장은 광고회사였다. 설렘을 안고 서울에서 시작한 회사생활은 쉽지 않았다. 야근과 주말근무를 밥 먹듯 해야 했다. 더 큰 문제는 일에 흥미를 느끼지 못한 것이었다. 결국 1년6개월 만에 광고회사를 떠난 이후 다른 직장을 얻었지만 또 그만두고 지금의 직장으로 왔다. 그는 "본사가 고향에 있고 업무도 내 성격에 맞아 지금 직장에 만족한다."면서 "더 일찍 여기 왔더라면 좋았을 텐데 낭비한 시간이 아깝다."고 아쉬워했다.

"조직 부적응자로 낙인찍힐 수도"

선진국에선 직장을 옮기는 것이 경력을 쌓아 몸값을 올리는 수단으로 많이 활용된다.

한국경제연구원 박성준 박사는 "기업들은 훈련받고 검증된 사람을 선호하는 만큼 눈높이를 낮춰 입사한 뒤 경력직으로 옮기는 것도 전략"이라고 말했다.

하지만 잦은 초단기 이직의 경우 이득보다 손해가 되는 경우가 많다. 국민은행 김덕수 인사부장은 "남다른 능력이 부족하면서 자주 직장을 옮길 경우 '조직 부적응자'로 찍혀 도태되기 마련"이라고 말했다.

사회적 비용 손실도 커

현대경제연구원 허만율 연구위원은 "사회 초년생들의 잦은 이직은 사회적으로 불필요한 비용을 발생 시키는 부작용도 있다"고 지적했다.

한국직업능력개발원에 따르면 전국 532개 기업의 2005년도 신입사원이 입사 후 업무 수행능력을 습득하는 데 걸린 평균 시간은 8.36개월, 평균 교육비용은 1인당 248만원인 것으로 분석됐다. 종업원 1000명 이상 대기업의 경우엔 1인당 교육기간 11.25개월, 교육비용 560만원을 투자했다. 신입사원이 1년 안에 다른 직종의 회사로 옮겨가면 이 같은 비용이 고스란히 사회적 손실로 이어진다.

출처: 조선일보 제 26874호

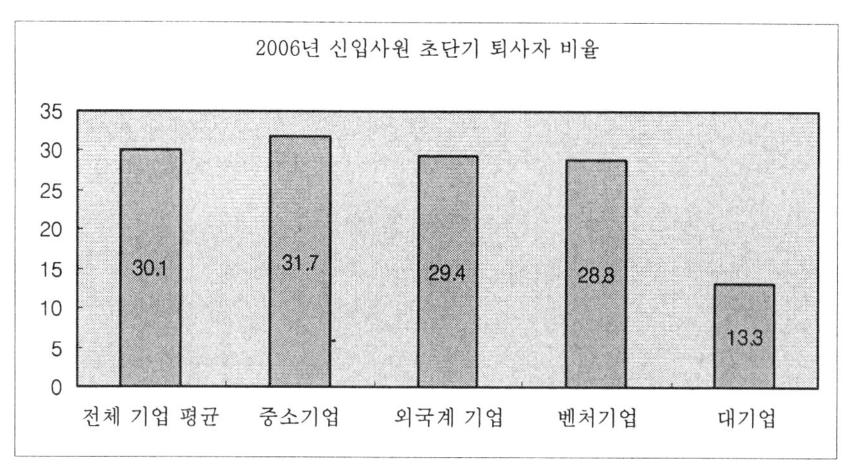

* 잡코리아가 2007년 초 858개 기업 대상으로 조사한 결과. (단위:%)

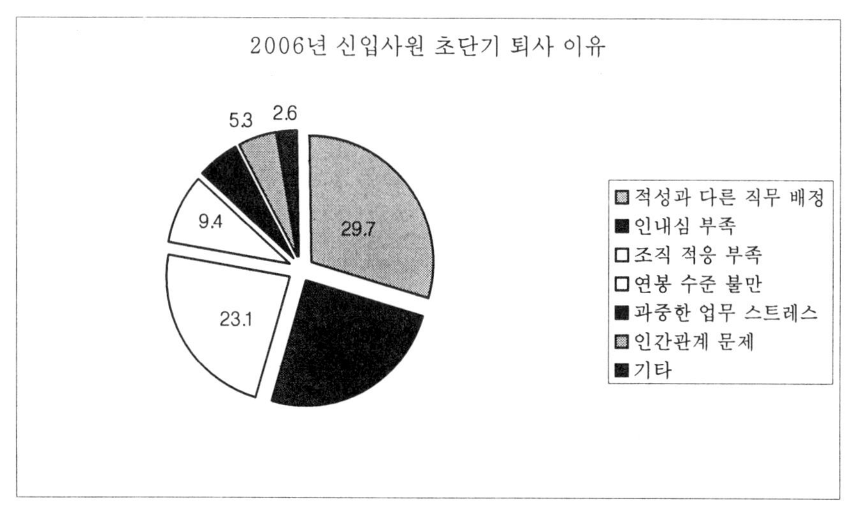

* 잡코리아가 2007년 초 기업 인사담당자 757명을 조사한 결과. (단위:%)

제3장 성공하는 인간관계

제1절 인간관계의 중요성

1. 인간관계의 정의

인간관계란 사람과 사람의 관계를 말한다. 따라서 사람은 살아 있는 한 날마다 인간관계 속에서 생활하는 것이다. 바꾸어 말하면 사람은 인간관계가 없이는 생활을 영위할 수가 없으며 그래서 인간관계라는 말을 누구든지 자주 사용하는 것이다.

인간관계는 미국의 산업계에서 발생하였다. 원래 미국에서는 휴먼릴레이션(Human Relation)이라고 하는데, 왜 미국에서는 이와 같은 단어가 생겼는지는 인간관계의 원점이 되는 경영학에서의 호손 실험을 알아야 한다.

→ 호손실험(Hawthorne Experiments)

호손 실험(Hawthorne experiments)은 하버드대학의 사회학자인 메이요(Elton Mayo, 1880～1949)와 뢰슬리스버거(Fritz Roethlisberger)가 중심이 되어 미국의 웨스턴 전기회사의 호손 공장에서 1924～1932년까지 4단계로 실시된 일련의 실험으로서, Taylor 이래의 과학적 관리법의 사고방식에서 조직 내 인간 중심의 사고방식으로 경영의 관심을 전환시킴으로써 인간관계연구의 시발점이 되었다.

가. 연구 배경

당시 호손 공장에는 약 3만 명의 종업원이 있었는데, 이들은 복지후생시설이 완비되어 있음에도 불구하고(임금과 복지후생이 높으면 성과도 높아져야 한다는 테일러 주장에 위반된다) 불만이 높고 작업능률이 향상되지 않았다. 이에 따라 회사에서는 그 원인을 규명하기 위해 산업에 있어서의 노동과 피로와의 관계에 대한 연구가 행하여지게 되었다.

나. 연구 과정

(1) 조명실험(1924. 11~1927. 4)

이 실험은 조명도가 생산성에 미치는 영향을 알아보려고 한 것이다. 작업자들을 실험집단과 통제집단으로 구분하여, 실험집단에 대해서는 조명도를 변화시켜 가면서 생산성의 변화를 관찰하고, 통제집단에 대해서는 조명도를 변화시키지 않고 일정하게 유지하였다. 실험결과, 실험집단은 예상대로 조명도가 높아짐에 따라 생산성이 향상되었다. 그러나 놀랍게도 통제집단에서도 생산성이 향상되는 결과가 나타났다. 또, 실험집단의 조명을 낮추었을 때도 생산성은 계속 증가되었다. 결과는 예상과 달리 조명도, 임금지급방법, 휴식시간 등이 작업능률에 별다른 영향을 미치지 않는 것으로 나타난 것이다.

이 실험결과에 의문을 가진 웨스턴 전기회사의 감독경영자 George Pennock이 하바드 대학의 메이요 교수에게 자문을 구한 것이 계기가 되어 Mayo, Fritz J. 뢰슬리스버거 등이 2~4차 실험을 주도하였다.

(2) 릴레이 조립실험(1927. 4~1929. 6)

6명의 여공을 대상으로 종래의 작업능률 향상에 도움이 된다고 생각되는 조건들(작업시간의 단축, 휴식시간의 합리적 배정, 간식의 제공, 임금제도, 작업환경의 개선 등)에 대하여 실험해 보았으나 결과는 조명실험과 마찬가지로 이들 조건과 생산성 향상과는 관계가 없었다. 따라서 이 결과, 종업원의 사기나 부하에 대한 감독방법, 인간관계 등의 심리적 조건이 생산성 향상에 영향을 미친다는 결론을 얻게 되었다.

(3) 면접실험(1928. 9~1930. 5)

종업원 21,126명에게 그들의 불만에 대한 면접조사를 실시한 결과, 물리적 조건이 근로자의 생산성에 영향을 미친다는 종래의 학설과는 달리 작업장의 사회적 조건과 근로자의 심리적 조건이 근로자의 의욕 및 태도와 생산성에 영향을 미친다는 결론을 얻게 되었다. 여기서 작업장의 사회적 조건이란 집단적 감정을 근로자의 심리적 조건이란 개인적 감정을 의미한다.

(4) 배선작업 관찰실험(1931. 11~1932.5)

14명의 종업원을 대상으로 관찰과 면접을 병행한 결과 회사가 정한 공식 조직과는 별도로 집단적 신념이나 감정을 기초로 하여 자연발생적인 조직, 즉 비공식조직(informal organization)이 형성된다는 사실을 입증하였다. 이는 인간이 사회의 정해진 공식집단의 규율뿐만 아니라 노동하는 동료들 사이에서 자연스럽게 발생한 비공식집단의 통제력에 의해서도 움직이는 사회적 존재라는 사실을 알게 되었다.

다. 호손실험의 결과 및 의의

호손실험에 의해 다음과 같은 결과를 얻었다. 첫째, 작업능률을 좌우하는 것은 물리적 조건인 임금, 노동시간 등의 작업조건과 조명, 환기 등의 작업환경뿐 아니라 종업원의 태도, 감정 등의 내적 · 심리적인 요소가 함께 중요하다는 것 둘째, 노동은 개인적 활동보다는 집단적 활동이라는 것 셋째, 종업원의 태도 및 감정을 좌우하는 것은 개인적 · 사회적 환경 및 회사 내의 세력관계와 그가 속하고 있는 비공식 그룹이라는 것 마지막으로 종업원의 사회적 안정, 귀속감 등에 대한 욕구가 생산성에 큰 영향을 미친다는 것이다.

호손실험을 통하여 과학적 관리법에서 가정한 작업조건과 생산성과의 관계는 부정되고, 그 대신 생산성의 결정요인으로서의 종업원의 사기가 중시되고, 사기는 직장의 인간관계에 의존한다는 것이 실증되었다. 즉 인간은 경제적 조건 외에 심리적 · 사회적 조건에 의해서도 영향을 받는 다면적 존재라는 사고방식이 정립되었으며, 인간관계론의 핵심인 '사기와 욕구충족이 동기부여에 직결 된다'는 사실이 밝혀졌다. 또한 고전적 경영학에서 경시되어 온 비공식 조직의 존재와 그 기능을 밝힘으로써 경영학 연구의 새로운 관점을 제시하였다.

2. 인간관계를 중요시하는 이유

우리가 직장에서 만족감을 느낄 수 있는 경우를 생각해 보면 다음 몇 가지의 상황에서이다.

- 의욕적으로 출근할 수 있다.
- 직장 분위기가 밝고 활기가 있다.
- 의욕이 생긴다.
- 고독감이 없어지고 연대감이 생긴다.
- 주위 사람과 협조가 잘 된다.
- 조직 내의 의사소통이 잘 이루어진다.
- 팀워크(team work)가 잘 이루어진다.
- 윗사람과 친근감이 있어 모르는 것을 질문하거나 상담하기가 쉽다.
- 윗사람이 부모처럼 지도해 준다.
- 업무가 원활하게 진행된다.

이와 같은 것은 단적으로 말해서 인간관계의 문제이다. 그러나 회사에서는 자기에게 주어진 업무만 수행하면 되므로 인간관계 같은 것은 중요시할 필요가 없다고 생각할지도 모른다. 그렇지만 업무를 수행하려고 해도 너무 어려워서 자기 혼자의 능력만으로는 수행할 수 없는 일이 생긴다든지, 실수했을 때 어떻게 대처해야 좋을지 몰라서 곤란한 경우가 있다.

이런 경우 여러 사람이 도와주지 않아 업무를 수행하기가 어려운데 인간관계가 좋으면 흔쾌히 도와주어 무사히 업무를 마칠 수 있게 되므로 여러 사람에게 큰 도움을 요청할 수 있다. 그러므로 인간관계가 원만하면 업무가 생각대로 진행되거나 그렇지 않은 것은 결국 평상시의 인간관계에 달려 있다.

가. 인간관계의 어려움

이제 직장에서의 인간관계는 일하는데 있어서 매우 중요시해야 한다는 것을 알았다.

'인간관계라는 단어에서 느끼는 이미지는 어떤 것인가?'

'포근한 사귐, 즐거운 분위기 같은 것인가?' 아니면 '귀찮고 번거롭다는 느낌이 드는가?'

대부분의 사람들은 '학생시절에는 전자였으나 사회인이 되고 난 후에는 후자의 이미지로 기억할지도 모른다. 왜 이처럼 좋지 않게 상상하는 것일까?

학생시절에는 같은 나이의 뜻이 맞는 사람하고만 친하게 지내면 된다. 서로 마음이 맞지 않고 성격이 다른 사람과는 사귀기 싫다고 생각하면 그렇게 할 수 있었다. 그러므로 인간관계라고 하면 서로 마음이 맞는 친구라는 이미지가 떠오르는 것이다.

그런데 사회인이 되면 어떨까? 연령층이 다양해서 부모보다 나이가 많은 사람으로부터 형제자매와 같이 비슷한 나이의 사람들에 이르기까지 함께 일해야 한다. 이러한 사람들과 인생경험이 다르므로 당연히 사물을 보는 방법이나 사고방식에 상당한 차이가 있다. 그리고 접촉하는 사람의 대부분이 윗사람이므로 언어의 사용이나 태도에 각별한 신경을 써야 한다. 그렇다고 해서 '사고방식에 차이가 있으므로 사귀고 싶지 않다. 정신적으로 피곤해지니까 가까이 하고 싶지 않다.' 라고 할 수도 없다. 일을 가르쳐 주는 선배로부터 또한 함께 일하는 동료로서 모든 직원들과 원만하게 지내야 하는 곳이 바로 직장이다.

그렇기 때문에 귀찮고 번거로운 이미지가 떠오르는 것이다. 직장에서 함께 일하는 사람들은 연령, 성별, 출신지, 취미, 성격, 가치관, 인생관, 가정환경 등이 각기 다르다. 직장은 모든 사람들이 이와 같은 속성을 도외시하고 소속 부서를 정한다. 아무리 싫다고 해도 이런 것이 조직이라는 것을 알아야 하며, 또한 조직 속에서 일하는 것이 숙명이므로 소속 부서의 사람들과 원만하게 지내는 수밖에는 별도리가 없다.

나. 원만한 인간관계

(1) 대화를 시도하라

회사 측에서는 학교성적이나 입사시험의 성적만이 아니라 면접 시의 태도에 회사는 호감을 가졌으므로 채용한 것이다. 그런데 입사식이 끝나면 손바닥을 뒤집듯이 다른 태도를 취하는 것은 좋지 않은 행동이다.

주위사람과 원만하게 지내기 위해서는 기분 좋게 대화하는 것이 필요하다. 대화를 통해 서로 상호작용 함으로 더 나은 관계 형성을 만들 수 있는 것이다.

(2) 명확하게 말하라

① 밝은 목소리로 시원시원하게 말한다.

② 단어에 신경을 써서 말한다.

누구에게나 쉽게 이해되는 단어를 사용하는 것이 좋으며 은어나 비어는 사용해서는 안 된다.

③ 어린아이와 같은 말투를 버린다.

④ 정중하게 말한다.

주위사람들은 신입사원보다 윗사람이다. 그러므로 같이 입사한 사람이나 학교친구에게 이야기하듯이 말하는 것은 삼가야 한다.

'입니다. 합니다' 와 같이 말하는 것은 윗사람을 존중하고 있다는 증거가 된다.

⑤ 자기중심적이어서는 안 된다.

업무상의 이야기만이 아니라 점심시간이나 근무시간 후에 회식을 할 때 자기 이야기만 하는 사람이 있다. 이런 사람들은 보통 남의 이야기는 들으려고 하지 않는다. 이런 사람은 자기 생각만 하는 사람이라고 하여 모두들 싫어한다.

⑥ 아는 척 하는 것은 금물이다.

모든 것을 알게 되어 감사하게 생각하는 자세가 필요하다.

⑦ 비꼬는 것은 삼간다.

⑧ 오해하지 않게 말한다.

인간관계가 나빠지는 하나의 원인으로서 상대방이 오해를 하게 되는 것을 들 수 있다. 오해를 하는 사람보다 오해를 하도록 말한 사람의 책임이 더 크다. 오해가 원인이 되어 서로의 관계가 부자연스럽게 되는 경우가 많이 있으므로 오해하지 않도록 상대방에게 자신이 말을 확인한다든지 명확한 설명이 필요하다.

(3) 경청하는 태도를 가져라

① 자기의 생각을 분명히 하고 확실하게 표현한다.

② 긍정적 동의를 한다.

인관관계 유지를 위해 듣는 사람의 동의를 나타내는 긍정적인 표현이 적절하게 감정을 표시할 필요성이 있다.

③ 건성으로 듣지 말아야 한다.

④ 끝까지 듣도록 하라

상대방이 이야기하고 있을 때 말을 가로막고 자기의 생각을 말하거나 질문 해서는 안 된다. 적절하게 표현하는 것은 필요하지만 이런 행동은 상대방의 감정을 상하게 할 수 있다.

⑤ 업신여기는 태도를 취하지는 않는다.

주위에 학력이 낮거나 근무기간에 비해 지위가 낮은 사람이 있다. 이런 사람과 이야기 할 때에도 다리를 꼬거나 팔짱을 끼고서 억지로 들어준다는 식으로 마치 상대방을 업신여기는 듯한 태도를 취해서는 안 된다. 누구든지 직장동료들에게 좋은 인상을 주어 호감을 받고 싶어 하고 불편한 관계가 되지 않기를 바란다.

(4) 비교하지 말라

직장에서 상사나 선배들은 업무능력이 떨어져도 비교하면 안 된다. 능력이 부족하면 격려, 사기를 앙양시키는 교육이 필요하다. 동료와 능력을 비교하면 서로 갈등요인이 생긴다. 직장에서는 화가 나는 일이 있어도 참아야 하고 반성하여 새로운 기분으로 업무에 임하는 자세가 필요하다. 인간은 감정의 동물이라고 한다. 그러므로 웃고 울고 기뻐하고 슬퍼하고 화내고 좋아하고 싫어하는 것은 당연하다. 그러나 직장에서 표현해도 좋은 감정과 표현해서는 안 되는 감정 정도는 신입사원이라도 알아야 한다.

(5) 기본을 지켜라

원활한 인관관계를 위해 기본을 지켜야 한다.

① 아침, 저녁, 외출, 귀사 시 인사를 밝고 분명하게 한다.

② 업무를 가르쳐 주었을 때, 잘못을 감싸주었을 때, 도움을 받았을 때, 업무가 끝난 후 식사대접을 받았을 때는 고맙다는 인사말을 잊지 않는다.

③ 호감이 가는 사람이라고 해서 밝은 태도로 대하고 그렇지 않은 사람이라고 해서 무뚝뚝한 태도로 대하는 것은 바람직하지 못하다. 사적인 감정을 근무 중에 나타내지 않도록 한다.

④ 주위사람들과 친하고 싶지 않다는 이유로 혼자서 고립된 태도를 취해서는 안 된다.

⑤ 직장에서 한 약속은 반드시 지킨다.

⑥ 일이 바쁘지 않을 때는 주위사람에게 '도와 드릴까요'하고 협력한다.

⑦ 근거 없는 말을 퍼뜨리지 않는다.

⑧ 불쾌한 일이 있어도 주위사람에게 화풀이를 하지 않는다.

⑨ 상대방이 자신의 단점을 말하더라도 유머스럽게 말할 수 있는 여유가 필요하다.

⑩ 이성에게 너무 접근하거나 또는 서먹서먹하게 느끼게 하지 않는다.

⑪ 금전적인 거래는 가능한 한 하지 않는다.

⑫ 주위사람에게 짐이 되지 않도록 한다.

제2절 관계유지를 위한 규칙

1. 직장 내에서의 규칙

사회의 일원으로서 기분 좋게 사회생활을 영위하고 또 협력하여 무엇인가를 이루기 위해서는 공통의 규칙을 확인하고 그것을 지켜나가야 한다. 직장에서의 규칙은 두 가지 측면이 있다. 한 가지는 업무수행상 규칙이며, 다른 한가지는 직장 사람들이 좋은 분위기에서 기분 좋게 직장생활을 하기 위해 생활상 규칙이 존재한다. 성문화되어 있거나 혹은 그렇지 않은 규칙들도 존재한다.

＊ 업무상 규칙

- 중요한 것은 사칙・사규에 규정되어 있다.
- 직장에서 중요사항은 문서로 연락된다.
- 업무수행 절차 안에 포함되어 있다.
- 업무 수행상 습관으로 서로 지키고 있다.

＊ 생활상 규칙

- 중요한 것은 사규・사칙 또는 문서로 전달된다.
- 직장에서의 규칙은 문서화하여 제시하는 것도 있다.
- 습관으로 서로 지킨다.

가. 습관으로서의 규칙

예절을 잘 지키는 것은 매번 어떻게 행동할 것인가 생각해야하는 부담을 줄일 수 있다는 합리적 의의가 있다. 일정한 예절을 그대로 실행하면 남에게 불쾌감도 주지 않고 자기도 불안해하지 않아도 된다는 편리함이 예절의 장점이다. 직장의 규칙에서 업무수행상과 쾌적한 직장을 위한 것인데 모두 다른 사람을 인정하고 서로 존경해서 스스로도 생동감 있게 훌륭한 업무수행을 하려는 의도에 바탕을 둔 것이다.

그것은 실제 행동으로 나타나야 한다. 마음속의 아름다움이 모양으로 나타나야만 훌륭한 업무수행이 가능하다. 이것은 머리로 배워서 할 수 있는 일이 아니다. 평소에 되풀이하는 동안 저절로 몸에 배어서 할 수 있게 되는 것이다.

나. 직장규칙과 사회규칙의 차이

직장에서의 규칙도 일반사회에 통용되는 규칙과 다를 것은 없으나 굳이 말하자면 회사목적에서 다음과 같은 면을 강조되고 있다.

(1) 효율성

낭비가 없는 합리적인 방법과 절차 그리고 목적을 이루어야 하는 행동면에서의 요청이 있다.

(2) 엄격한 시간 개념

기업에서 사람들이 모두 협력하여 하나의 목적을 달성하기 위한 중요 요소는 시간을 서로 의식해서 행동하는 것이다.

(3) 조직과의 조화

자기 업무만 훌륭히 하면 되는 것이 아니라 조직전체로 보아 좋은 업적을 거둘 수 있도록 적극적인 협력태도가 요망된다.

다. 회사의 규칙은 준수해야 한다.

회사의 규칙은 필요해서 만들어진 것이다. 이것을 지킴으로써 회사는 직원들은 양식 있는 사람으로 평가하게 된다. 그러므로 입사한 회사에는 어떠한 회사의 규칙이 있는지 물어보고 사내규정을 미리 연구하고 공부하면 직장생활에 많은 도움이 된다.

라. 근무태도와 규정

회사와 사원은 근로계약에 의해 맺어져 있다. 취업 규칙에 정해진 취업 시간은 근로 계약 가운데 가장 기본적인 부분이다. 근로계약은 채용된 사원은 첫 출근 일로부터 계약에 따라서 일할 것이 이루어진다. 계약에 따른다는 것은 구체적으로는 취업규칙을 지키는 것이다.

다음부터 계약을 어기는 사람과는 아무도 계약하려고 하지 않을 것이다. 즉, 자연히 계약사회의 낙오자가 된다. 비즈니스 세계에서는 계약 사회라는 사실을 잊지 말아야 한다.

(1) 약간의 지각이 인생의 낙오자가 된다.

직장인으로서 중요한 일은 정해진 규칙을 지킨다는 것이다. 문제는 지각하는 사람은 대체로 근무시간을 지키지 않으며 사생활 면에서도 태연히 약속을 어기는 사람으로 생각되어진다는 것이다. 요즘 젊은이들 중에서 지각을 하는 사람을 자주 보게 된다. 지각은 프로의식의 결여이며 응석부리기이다. 단 한명의 지각이더라도 부서 전체의 일하고자 하는 의욕을 사라지게 한다. 정시까지 출근하지 못하는 자는 수치를 모르는 자이며 의지박약한 패배자다.

(2) 부득이한 지각은 상사에게 사전에 연락을 취하는 것이 원칙이다.

사고에 의한 버스나 전철의 지연 등, 지각에는 부득이한 사례가 있다. 이런 경우에는 최대한 빨리 연락하는 것이 중요하다. 원칙적으로 근무시간 전에 연락해야 한다.

(3) 근무시간은 업무개시 시간이다.

근무시간을 출근시간이라고 착각하고 있는 사람이 있다. 근무시간이란 글자 그대로 업무를 시작하는 시간이다. 여유 있는 출근은 업무의 성과도 이끌어 낼 수 있다. 대체로 매일 아침 숨차게 자리에 앉는 사람은 별로 일의 성과를 낼 수 없는 경우가 많다. 상사의 평가도 자연히 낮아질 것이다. 그래서 출발에 대한 평가점은 중요도가 높은 것이며 출발점에서 나쁜 평가를 받은 사람이 그것을 만회하는 일은 용이한 일이 아니다.

(4) 휴식시간을 준수해야 한다.

점심시간에 오락이나 운동을 하는 것은 나쁘지 않다. 그러나 정도가 지나쳐 오후의 업무에 나쁜 영향을 미친다면 문제이다. 휴식시간은 회사 내에 규율 유지를 방해하지 않는 한 자유롭게 이용할 수 있다. 휴식시간은 심신의 피로를 회복하고 다음 출발을 향해 활기를 마련하는 시간이다. 점심시간에 가벼운 스포츠를 하며 오전중의 스트레스를 해소하는 것은 대단히 좋은 일이지만 도가 지나쳐서 오히려 신체를 피로하게 한다면 곤란하다.

(5) 시간 관리를 철저히 하라

정해진 시간을 지키는 것은 직장의 불문율이다. 회의 등 많은 사람들이 관계되는 경우에는 한사람의 지각이 그 몇 배의 시간 손실을 초래한다. 시간을 지킬 수 없는 사람은 비즈니스맨으로서 실격이다. 만약 부득이 하게 늦어지는 긴급사태가 발생했다면 회의 시간 전에 주최자 또는 사회자에게 연락하는 것이 예의이다. 요즘 근무시간 단축의 문제가 거론되고 있지만 시간 단축은 시간 업무의 철저한 이행 없이는 실현될 수 없다. 또한 약속시간의 엄수는 비즈니스 사회의 불문율이다. 어기면 신용을 잃게 된다.

(6) 중요한 정보나 문서에 대한 인식을 분명히 해야 한다.

중요한 서류를 책상 위에 놓은 채 자리를 뜨는 사람이 있는데 경솔한 행동이다. 방문객이 훔쳐보고 중대한 손해가 발생할 수 있다. 자리를 떠날 때는 반드시 다른 사람이 안보는 곳에 두어야 한다. 중요한 서류라는 사실을 충분히 인식하고 있으면서 업무에 열중하는 동안에 그런 의식이 희박해지는 경우가 없지도 않다. 회사의 내부 정보는 경솔하게 사외에 누설하지 않는 것이 원칙이다. 특히 극비 정보는 가족에게도 절대로 입 밖에 내어서는 안 된다. 현대의 기업 경쟁은 정보전쟁의 양상을 띠고 있다. 각 기업은 모두 경쟁 상대보다 한발 앞서 모든 정보를 입수하고자 하고 있다. 당연히 경쟁 상대의 내부 정보도 노리고 있으며 날카로운 안테나를 펼치고 있다. 신입사원의 경우 정보의 중요성에 대한 인식이 아직 희박하고, 얘기하다 보면 함구령을 잊어버리고 떠들기 쉽기 때문에 주의해야만 한다.

2. 업무에 임하는 자세

(1) 직업인은 프로다워야 한다.

프로란(professional)의 약어로 전문적인 능력을 가지고 보수를 받는 사람, 즉 회사에 근무하고 있는 사람도 포함된 직업인을 말한다. 프로의식이란 직업인으로서 가져야 할 마음가짐이라고 할 수 있다. 프로와 아마추어는 능력 면에서도 마음가짐에서도 현격한 차이가 있어야 한다.

(2) 직업인은 최고의 능력을 발휘해야 한다.

직업에 관한 능력이 아마추어와 같은 수준이어서는 안 된다. 가수를 예로 들면 노래자랑에서 우승한 사람, 그 이상의 능력을 갖추지 못하면 프로로 통할 수 없다. 그러므로 회사와 회사와의 경쟁으로 승패는 회사의 이익률이 적고 많음으로 나타난다. 하지만 회사의 힘은 그 회사 사원의 실력에 의존 하고 있기 때문에 사원 개개인의 능력이 동업종 타사 사원의 능력을 훨씬 능가해야 한다. 사원 각자가 자기분야에서 최고의 능력을 가져야 타 회사의 경쟁에서 이길 수 있다. 수준 이상의 최고능력을 갖추는 일은 쉬운 일이 아니다. 표준정도의 능력까지는 상사나 선배에게서 배울 수 있으나 최고의 뛰어난 능력은 배울 수 없다. 스스로 고생하고 많은 노력에 의한 체험을 겪어야만 비로소 갖출 수 있는 것이다.

(3) 직업인은 능력을 업무수행해서 발휘한다.

아무리 훌륭한 능력을 가졌어도 실제 현장에서 그 능력을 발휘하지 못한다면 아무런 소용이 없다. 능력은 있어도 실전에서 발휘하지 못하는 사람이 의외로 많다. 실제로 현장에서 능력을 발휘할 수 있으려면 항상 조건을 갖추고 용의주도하게 준비해두어야 한다. 우선 육체적 · 정신적으로 건강해야 한다. 컨디션이 좋지 않다든가, 가정에 문제가 있다든가 해서는 실력을 마음껏 발휘할 수 없다. 또한 컨디션뿐만이 아니라 그 밖의 여러 가지 준비도 중요하다. 일류 직업인은 도구도 소중하게 다루어서 최고의 상태를 유지한다. 직장의 정리정돈도 청결만을 위해서가 아니라 좋은 업무수행을 위해 필요한 조건인 것이다. 즉 모든 조건이 구비되어야만 비로소 실력을 발휘할 수 있다.

(4) 기업이 요구하는 직장인

프로는 최고의 능력을 갖추고 최고의 준비를 하여 실전에 임한다. 그 뿐만 아니라 더 필요한 것은 자기 업무에 대해 직업인으로서의 자긍심을 갖고 임하여 최고로 완성시킨다는 집념이다. 취업하려는 학생 여러분은 회사에 취업이 되었을 때 프로로 성장하기를 진정으로 바라고 있다. 그리고 선배나 상사가 어려운 요구를 하는 경우가 있는데 그럴 때는 나를 성장시키기 위한 방편으로 받아들이기 바란다.

각 기업이 요구하고 있는 21세기에 요구되는 새로운 직장인의 상은

첫째, 창조력 능력(creation)이다.

우리가 항상 새로운 시각으로 전문가적 식견을 갖추고 언제나 새로운 것을 추구하는 사람이다.

둘째, 원활한 의사소통능력(communication)이다. 지금은 국제화 시대 모든 경제활동이 한 지역 한 국가가 아니고 모든 국가의 경제교류가 활발하게 이루어져서 정보를 전달하기 위해서는 자기의 국어나 국제적으로 통용되는 외국어로나 전달하고자 하는 분명한 의도가 효율적으로 직장상사나 동료, 고객, 외국무역 거래를 하는 사람에게 설득력 있게 전달 할 수 있는 언어 구사능력이 있어야 한다.

셋째, 인간적 신뢰(credit)이다. 이는 근본적으로 정직성이 있어야 한다. 공과사를 정확히 구별하여 맡겨진 일을 확실하게 추진 할 수 있는 자세가 되어 있어야 한다. 아무리 능력이 뛰어나다 해도 자기 이익에 따라 기업을 경영하는 사람은 바람직하지 않다. 기업에 있는 한 철저히 기업의 정보를 지키고 배반하지 않으려는 기본 품성을 지녀야 한다.

넷째, 확실한(certainty) 위치에 있어야 한다. 기업에 꼭 필요한 사람으로 기업의 이익창출에 기여하며 없어서는 안 될 사람이어야 한다. 다섯째, 컴퓨터 활용능력(computerization)이다. 요즈음은 어떤 일을 하더라도 컴퓨터와 무관할 수 없다. 세계가 정보통신의 발달로 인터넷을 통해서 어느 때든지 실시간으로 정보를 얻을 수 있으므로 전공에 관계없이 컴퓨터를 자유자재로 활용할 수 있어야 한다.

마지막으로 글로벌 비즈니스맨이어야 한다. 국제화, 세계화에 적응할 수 있

도록 외국어 능력과 국제 감각을 지녀야 한다. 물론 사고의 깊이나 행동도 국제적이어야 한다.

21세기 직장인은 올바른 직업관을 바탕으로 창조와 개척정신으로 적극적인 사고와 행동을 하여 자기분야에서 최고가 되겠다는 자세를 가진 사람이다.

3. 이상적인 신입사원

상사나 선배는 언제나 신입사원들에 대한 기대가 크다. 그들이 바라는 좋은 신입사원, 즉 이상적인 신입사원이란 어떤 사람인지 알아보자.

(1) 명랑한 사람

젊음이 넘치는 신입사원은 밝고 쾌활하여야 한다. 자신이 명랑하면 주위에 활기찬 분위기를 조성하게 되며 상사나 선배도 일을 부탁하기 쉬운 사람으로 보게 된다.

(2) 소속 부서에 빨리 적응하는 사람

소속될 부서가 정해지면 반드시 어느 부서에서나 신입사원 환영파티를 연다. 그것은 신입사원이 오는 것을 기뻐하는 증거이다. 그들의 환영에 보답하기 위해서는 또한 그들에게 호감을 주기 위해서도 소속 부서의 사람들과 잘 어울려 그 부서의 분위기에 빨리 익숙해지도록 노력해야 한다.

그런데 자기가 희망한 부서에 배치되지 않는 경우도 있다. '기획과에서 일하고 싶었는데 경리과에서 근무하리라고는 생각도 하지 않았다.'라고 말하며 좀처럼 소속된 부서에 적응하지 않는 사람이 있다. 이것은 바람직하지 못하다. 자기가 희망한 부서가 아닐지라도 거기서 다른 사람들과 잘 어울리는 것이 조직이다.

(3) 평론가가 아니라 실행력이 있는 사람

'이론은 그럴 듯한데 조금도 행동이 뒤따르지 않는다. 말이 많고 말하는 내용은 그럴 듯한데 하는 행동은 그에 못 미친다. 자기 자신도 별 수 없으면서 남을 비판하기를 좋아한다.'라고 상사나 선배들로부터 평을 받는 신입사원이 있다. 대체로 이와 같은 신입사원은 실행력이 부족하며 또한 일을 시켜도 잘 하지도 못 하면서 이론만 늘어놓는 사람이다. 그들이 원하는 것은 말만 앞세우고 실행력이 없는 신입사원이 아니라 말과 행동이 일치하는 사람을 원한다. 신입사원은 대개 직장에서 갖추어야 할 이상적인 자세를 모르고 이론만으로 일을 하려는 경향이 있는데 그렇게 마음대로 되지 않는 곳이 직장이다.

(4) 무슨 일이든지 열심히 하는 사람

신입사원이란 직장에 대해서 아무 것도 모르는 사람을 말하지만 하루 빨리 무엇이건 다 아는 사람이 되어 주길 바란다. 그러기 위해서는 어떤 일이던지 열심히 해야 한다. 자기가 좋아하는 일만 열심히 하고 싫어하는 일이라고 해서 적당히 해서는 안 된다. 어떤 일이든지 진지하게 임할 때 빨리 성장할 수 있다.

(5) 주위사람과 잘 지내는 사람

'저 사람은 싫으니까 말도 하기 싫고 업무적으로도 협력하기 싫다. 이 사람은 호감이 가는 사람이니까 사이좋게 지내고 적극 협력하자' 라는 기분으로 근무하면 주위사람과 잘 지낼 수 없다. 주위 사람들과 화목을 유지하면서 직장생활을 하는 것은 대단히 중요하다. 그러면 왜 그렇게 하는 것이 중요하지 그렇게 하기 위해서는 어떻게 하면 되는지 이제부터 설명하기로 한다.

4. 신입사원의 문제점

(1) 이상과 현실의 간격

만약 여러분이 이 결과와 같이 입사하기 직전과 현재 느끼는 것에 커다란 변화가 있다면 여러분이 상상했던 이상적인 직장과 현실의 직장이 상당히 다르기 때문인데 이것은 어쩔 수 없는 것이며 사물을 밖에서 객관적으로 보는 것과 안에서 실제로 느끼는 것과의 차이이기도 하다. 이것도 하나의 귀중한 공부가 될 것이다.

이와 같은 이상과 현실과의 차이가 현재 고민이니 문제의 원인이기도 할 것이다. 현실이 이렇다고 해서 모든 이상을 부정해야하는 것은 아니다. 우리들의 성장과 진보는 이상과 현실의 간격을 메우기 위한 노력의 결과이다.

지금 고민하고 문제를 안고 있다는 것은 이상에 접근하고 싶다는 성장을 향한 마음가짐이기도 하다. 그러나 그 이상이 꿈과 같은 것이라면 무력감에 괴로워하고 건전한 성장을 하는데 방해를 받을 것이다.

(2) 위로를 바라는 마음

학교생활과 직장생활의 차이에서 보았듯이 인간관계란 학교와 직장에서는 서로 다르다. 다시 말하자면 온종일 야구시합만 하는 긴장된 분위기 안에서 동료들 간의 관계이다. 기운 없이 있는 사람이 있으면 힘내라고 격려해주며 실수를 한 사람은 감싸준다. 그러면서도 시합을 하면서 서로 기술을 연마하는 곳이 직장이다. 주위로부터 위로를 기대할 수 없는 여건에 있다는 것을 이해해야 한다.

(3) 자기 관리가 약하다

회사에 들어가면 독립한 사회인 취급을 한다. 일상생활 전반에 관해서 스스로 관리할 수 있어야 한다. 돈이나 시간 등이 한정되어 있기 때문에 그것을 어떻게 효과적으로 활용한 것인가 스스로 정해야 한다.

(4) 구체적인 장래 꿈을 그리지 못한다.

겨우 사회의 일원이 되어 현실의 모습을 실감하고 있는 실정이다. 막연하게 장래의 꿈을 실현 가능한 계획을 하는데 과도기라고 할 수 있다. 중요한 것은 어려움을 극복하고 현실을 자세히 살펴서 초조해하지 말고 앞으로 나아가야 한다.

사례

'튀는 직장인'위에 '화합형 직장인'

최근 들어 '나만 잘하는 型'보다
'더불어 일하는 型'이 주가 올라

	과 거	현 재
선호 받는 직장인 유형	• 투철한 경쟁의식	• 동료의 일도 내 일처럼 생각
	• 매사에 합리성을 내세움	• 동료의 기분을 파악하고 행동
	• 동료와 어울리기보다 일이 우선	• 친한 동료에게도 예의를 지킴
	• 수단 · 방법 안 가리고 업무 해결	• 일만큼 화합을 중요하게 생각

대기업 H사(社)에 다니는 김모(34)씨. 입사 성적 1등에다 3년 차에 팀장을 맡을 만큼 업무 실적도 뛰어나지만 동료들 사이에선 '기피 대상 1호'다. 자기 말이 모두 옳고 남의 말은 무시하기 일쑤여서 동료들이 "그와 대화하면 하루 종일 우울하다"고 할 정도다. 처음엔 "똑똑하고 추진력 있다"고 좋아했던 상사들도 생각을 바꿨다. 김씨 한 명의 태도가 다른 직원들의 사기에 악영향을 미치고 조직 화합을 해쳐 결국 생산성을 떨어뜨린다고 판단한 것이다. 끝내 김씨는 얼마 전 팀장 자리를 내놓고 다른 팀에 배치됐다.

독불장군型, 조직화합에 찬물… 생산성 떨어뜨려
기업들 "신입사원 선발 첫째 조건은 인성 · 예절"

'튀는 직장인'들이 일터에서 환영 받지 못하는 분위기가 확산되고 있다. 반면 더불어 일하는 분위기를 만드는 '인화(人和)형' 직장인의 주가가 오른다. 최근 직장 내 경쟁이 치열해지고 대화가 줄어들면서 '튀는형'은 많아졌지만 '인화형'은 감소하고 있기 때문이다. 기업들은 인화형 인재를 키우는 프로그램을 속속 도입하고 있다.

외면 받는 '튀는 형(型)'

로버트 서튼의 저서 '또라이 제로 조직'에 따르면 최근 영국에서는 "남을 존중하지 않는 직원들이 회사에 끼치는 손실을 비용으로 계산하면 기업당 연간 75만 달러에 이른다."는 연구결과가 나왔다.

2005년 광운대 산업심리학과 대학원생 한지현씨가 한국심리학회지에 발표한 논문은 "기업 직원 316명과 간부 50명을 대상으로 조사한 결과 직장 상사와 부하 간 돈독한 관계가 직원의 스트레스와 이직(離職)의도를 현저히 감소시키는 것으로 나타났다"고 밝혔다.

'인화형' 직원 선호 경향은 신입사원 채용에도 반영되고 있다. 취업 정보회사 코리아리크루트가 지난3월 기업 인사 담당자 237명을 대상으로 한 설문조사에서는 "신입사원들의 인성과 예절을 가장 중요하게 본다."는 대답이 39.7%로 1위를 차지했다. '가장 비(非)호감인 신입사원'은 '예절과 기본 인성이 부족한 사람'이라는 대답이 44.9%(106명)로 1위였다.

"동료가 1차 고객"

"김 대리, 중국어 학원 다닌다며?"

"네. 팀장님도 같이 다니실래요?"

지난달 30일 오전 8시 서울 중구 삼성전자 본사. 막 출근한 국내영업사업부원 5명이 둥글게 앉아 수다를 떨었다. 삼성전자는 올해부터 매일 10분씩 팀별로 자유롭게 대화하는 '10분 토크(talk)' 시간을 마련했다. 이 회사 홈보팀 홍경선 대리는 "하루 종일 일만 하다 보면 옆자리 동료를 알 기회가 거의 없다."며 "개인적인 이야기를 나누면서 팀원을 이해하게 됐다"고 말했다.

SK커뮤니케이션즈는 올해 신입사원 연수에 'DISC 행동유형'이란 프로그램을 신설했다. 동료들이 '주도형(Dominance), 사교형(Influence), 안정형(Steadiness), 신중형(Conscientiousness)' 네 가지 중 어떤 유형에 속하는지 서로 대화하면서 알아보는 '동료 파악 프로그램'이다.

롯데백화점 경영지원부문 임직원 150명은 올 들어 '동료 간 전화 예절'을 배운다. 직원 두 명이 앞에 나와 전화 통화하는 시범을 하면 나머지 직원들이 잘못을 짚어주는 방식이다.

LG전자는 경영진과 직원들이 대화하는 '오픈 커뮤니티(Open Community) 프로그램'을 올해 초 해외 법인까지 확대했고, 월 1회이던 것을 올 들어 월 5~6회로 늘렸다. 코리아리크루트 홍보팀 정이진 대리는 "업무능력과 강한 추진력을 갖춘 인재도 필요하지만 최근에는 원만한 대인관계와 인성(人性)을 갖춘 인재를 중시하는 기업이 늘고 있다"고 말했다.

출처: 조선일보 2007년 6월 7일

제4장 정보 수집

제1절 정보수집의 이해

기업의 경쟁관계가 심화되면서 각 기업이 취급하는 정보에 대한 수준이 곧 경쟁력이 되어가는 시대이다. 언제 어디서든지 원하는 정보를 수집할 수 있다거나 그것을 활용할 수 있다면 기업의 생존 가능성이 그만큼 높다고 할 수 있다. 정보를 수집하는 과정에서 누구에게 믿을만한 정보를 얻느냐의 문제는 정보의 신뢰(credit)문제와 연관이 있다. 정보 수집의 경우, 반드시 정보원을 확인하여 수집을 해야 한다. 그러나 정보원의 성격에 따라 수집 방법이 달라져야 한다. 누누이 강조하는 바 이지만 정보는 정확성과 적시성이 생명이라 할 수 있다. 정확한 정보를 적시에 수집하기 위해서는 수집단계에서부터 적절한 방법을 사용해야 한다.

1. 대인 정보수집

우선 사람을 상대로 정보를 수집해야 할 경우를 살펴보자. 대화술, 독심술 따위에 의존하는 경우도 있지만 가장 중요한 것은 성의와 진실이다. 성의를 갖고 진실된 대화로 상대를 대한다면 아무리 중대한 비밀 사안일지라도 해결의 실마리를 제공해준다는 사실을 명심해야 한다.

특히, 공공기관에서 근무하는 사람들은 좀 더 사명감이 높기 때문에 곤란을 피하기 위해 자기의 입으로 정보를 전달하기 어려운 경우가 많다. 물론 정보수집을 위해 얼마나 지속적으로 방문하고 요청하느냐가 그 정보를 얻을 수 있는 실마리를 잡을 수 있다. 지속적인 정보 수집에 대한 요청은 결국 고심 끝에 자신이 직접 이야기를 해줄 수는 없고 다른 사람을 소개해 주는 성과를 얻어내게 된다.

업무 진행을 하다 보면 자신의 사정을 절대 얘기할 수 없는 때도 있다. 그런 경우라면 사후에 모든 것을 이야기하기로 한 후 부탁을 하는 편이 맞다. 그렇지 않고 없는 이야기를 거짓으로 변명을 해서는 안 된다.

또 하나 대인 정보 수집해서 절대 수칙은 '주고 받기(give and take)' 이다. 물론 이러한 원칙을 공공연히 내세워 다른 정보를 대가로 요구하는 사람도 있지만 노골적인 사람은 그리 많지 않다. 그러나 적극적으로 자신이 갖고 있는 정보를 챙겨가지고 사람을 찾아간다면 상대방의 태도는 달라질 것이다.

사람을 통해 정보를 모으게 되면 술자리를 이용하는 때가 많다. 이때 술은 대인관계를 편하게 해주는 이점도 있으나 망각이라는 불편한 점이 괴롭힌다. 상대방이 친하다면 솔직히 양해를 구하고 그 자리에서 메모를 해도 되지만 정보 수집 업무에서 그렇지 못한 것이 대부분이어서 난감한 경우도 많다. 그래서 화장실에 가 정신을 가다듬으며 메모를 한다든지, 거꾸로 상대방이 화장실을 간 사이 다른 사람의 눈치를 봐가며 수첩을 꺼내 적는다든지 하는 촌극을 연출하게 된다.

요즘에는 전자제품이 좋아져서 녹음기를 사용할 수도 있다. 이 역시 극도로 조심해야 한다. 혹시 상대방이 눈치 채면 그 사람과의 인간관계마저 단절되는 지경이 이르거나 최소한 상대방이 말문을 닫아버릴 수도 있기 때문이다.

그러나 되도록 술자리에서 얻은 정보는 사용하지 말도록 권하고 싶다. 물론 처음부터 특별한 목적으로 마련한 술자리라면 불가피하겠지만 그것이 아니라면 술자리는 사람 사귀는 데 전념하고 다음날 인사차 찾아가 다시 한 번 물어보는 것이 도리라고 생각한다. 혹 상대방이 술기운 때문에 해서는 안 될 얘기를 하게 되었는데 훗날 그것이 정보로 활용된 사실을 알고 화를 내게 될지도 모른다.

2. 정보의 취사선택

인쇄물 등을 통한 정보 수집은 취사선택이 성패의 핵심이다. 욕심이 앞서 과도한 양을 수집해 놓는 바람에 정작 어떤 것을 택해야 할지 모르게 될 수도 있다. 정보의 적절한 양과 질을 위해서는 사전 설계가 필요하다. 설계라고 해서 거창하게 생각할 필요는 없다. 일단 목표를 세우고 자신의 업무에 견주어 대강 스킴(Scheme)과 패러다임을 머리 속에 그려두어야 한다.

그리고 이에 맞지 않는 경우를 과감하게 버리는 것이 좋다. 부득이한 경우 예컨대 사전 설계에서 전혀 생각지 못했던 변수가 조사 과정에서 새롭게 발견될 경우는 포함시켜야 할 것이다.

조사 담당자는 대개 목표가 없이 정보를 수집하게 된다. 이러한 사람들에게는 행간(行間)의 의미를 찾아내는 훈련이 필요하다. 지면이 부족이나 언어 표현상의 한계로 활자화되지 못하는 부분들이 많기 때문이다.

3. 정보 신속성과 신뢰

빨리 안다는 것은 자칫 잘못하면 진실을 왜곡할 가능성이 있다. 따라서 알고자 하는 내용의 핵심을 철저히 분석하고 인지해야 한다.

첫째, 조금 더 먼저 출발하는 것보다 출발하기 전에 알찬 준비를 하는 것이 중요하다.

둘째, 지인(知人)을 많이 만들어 놓아야 한다. 항상 사람을 만날 때 최선을 다하는 성실한 사람은 경쟁자가 없다. 천성이 사람 만나기를 좋아하면 출신이 왜 중요하겠는가, 단 너무나 많은 사람을 안다면 자기 시간이 없어져서 득보다는 실이 많지만 분야별로 3~4명 정도 만들어 놓는 일은 어렵지 않을 것이다.

셋째, 정보매체의 근원을 알고자 노력해야 한다. 정보라는 것은 각종 인쇄 매체, 뉴스 정기 간행물, 동아리 모임 등을 통해 어느 정도 내용이 보고된다고 믿을 만하다고 속단하는 것은 무리수를 두는 것이다.

넷째, 질적 수준이 어느 정도 담보되어야 한다.

4. 발신자의 정확성

어떤 사건에 대해서 정확하게 알아야 한다는 것은 무엇보다도 중요하다. 보통 내용의 표현 방법은 6하 원칙 기준에 맞추는 것이 좋다. 그러나 6하 원칙보다 가장 중요한 것은 발신자이다.

즉 그 내용의 정보가 누구의 입을 통해서 나왔는가, 사람이 아니면 어느 곳이냐가 무엇보다 중요하다. 비중이 있는 사람이나 기관의 출처로 판명되면 그 어떤 정보 내용보다도 믿을 수 있는 신뢰감이 있기 때문이다.

출처가 한두 군데가 아니고 여기저기에서 터져 나오거나 전문가 혹은 경험자까지 있다면 정보의 진가는 높아지고 실행에 옮겨도 실수가 없을 것이다. 일반적으로 국책연구소나 그룹 연구소 등의 정보에 신뢰성이 크며 단편적인 사건·사고의 진위 여부는 방송의 뉴스, 신문기사 등이 정확한 편이다.

제2절 정보 수집의 계획성

1. 정보 순환과정

가. 정보수집 단계점검

정보의 수집은 제일 먼저 거쳐야 할 중요한 코스이다.

첫 단계는 자기가 가지고 있는 인맥을 총동원하여 관계된 사람이나 그 분야를 잘 아는 사람을 찾는 것이 무엇보다도 중요하다.

나를 기준으로 해서 가족, 친척, 동기, 동창 등이다. 이들을 통해 내가 알고자 하는 분야에 대해 조금이라도 알 수 있다면 체면을 내세우지 말고 알고자 노력해야 한다. 100% 완전한 그 분야 종사자가 없다면 관련 업종의 사람을 알아놓는 것도 좋은 성과를 기대할 수 있다.

둘째, 기한을 정해야 한다.

그러기 위해서는 시간 관리를 철저히 해야 한다. 모든 지식이나 정보는 언젠가는 삼척동자도 다 알 수 있다. 즉 정보는 시간이 지나면 별 볼 일 없어지기 때문이다. 따라서 계획을 세우고 완성된 일을 반드시 명시해야 한다.

셋째, 예산이다.

요즘은 다방에서 커피 한잔 마시는 데도 몇 천원이 든다. 정보 캐는 일을 사람을 만나도 이곳저곳을 찾아다녀야 하므로 돈이 들게 마련이다. 따라서 예산 관리를 철저히 하고 내용의 가중치를 두어 그것에 맞게 추진해야 한다.

넷째, 인터뷰 대상자의 선정과 인원 제한을 들 수 있다.

치밀하게 계획하지 못한 인터뷰는 가급적 하지 않는 것이 좋고 인원도 너무나 많은 대상을 하다 보면 결과 도출이 어려워지게 된다.

나. 생활 속 정보 수집

현대 사회는 정보가 넘쳐흐르는 정보 범람의 시대라 할 만한다. 조금 떨어진 곳은 물론 바로 가까이에도 정보와 정보원이 널려 있고 매일매일 새로이 생겨나 유통되고 있다. 예컨대 열 가지 가까운 일간신문과 수십 가지의 주간지, 격주간지, 월간지는 물론 각종 방송매체에 나오는 속보성 뉴스만 해도 따라가기 힘들 지경이다.

또한 매일 배달되는 신문 속에 들어 있는 광고지들도 적지 않다. 또 요즈음은 생활정보지나 부동산정보 신문 등 각종 상품 정보지도 적지 않게 등장하고 무료로 제공되는 것도 상당수이다. 또한 주위를 살펴보면 전철 안의 광고도 다양하게 매일 바뀌는 것도 있다. 주간지나 잡지의 겉표지 광고만 하더라도 눈을 끄는 것이 많다.

이러한 것들을 적절히 요령 있게 수용·해석·가공해서 활용하면 적지 않은 수확을 올릴 수 있다. 예컨대 가정주부의 경우는 신문과 함께 배달되는 광고지나 길거리에 놓여 있는 무료 정보지를 통해 물건을 싸게 구입할 수 있는 정보를 얻을 수 있다.

또 일반 상품 영업에 종사하는 사람이나 사업에 관심이 많은 사람들은 전철의 광고나 각종 매체의 공고들을 눈여겨보면서 어떤 상품들과 아이템들이 선

보이고 또 쇠퇴하는지 경향을 파악할 수 있다. 주간지나 잡지들의 겉표지에 있는 이슈 기사나 게재 사진을 보면서 화제가 되는 사건이나 인물이 누구인지도 자연스럽게 파악할 수 있다.

다. 정보 수집을 위한 조직도 입수

어떤 정보를 입수하고자 하는 경우 먼저 조직 구성원에 대해서 깊은 연구가 있어야 할 것이다. 왜냐하면 기업이나 조직 구성원은 고정적이 아니라 이직도 하고 전보도 하게 마련이므로 아는 사람 혹은 소개받은 사람도 마냥 그 자리에 있는 것은 아니다. 따라서 그 조직에 최소의 비용으로 상대방 회사의 정보에 접근해야 한다. 목표와 수집 내용을 분명히 설정했는데 그와 관련이 없는 엉뚱한 부서에서 시간을 보내거나 전혀 관계가 없는 사람과 무익한 얘기를 계속한다면 결과는 뻔한 일이다.

그러나 조직 구성원들을 구하기는 쉽지 않다. 그러므로 조직도를 구하기가 힘들면 전화로 설명을 들은 다음 자기 스스로 그리면서 알아내는 수밖에 없다. 조직규모가 큰 대기업은 하나의 조직도를 규정 자체로 만들어 놓는 것이 일반적이다. 이에 비해 소규모 조직은 비치해 놓는 경우가 거의 없으므로 직접 그리는 수밖에 없다.

라. 시작은 양적으로, 결과는 질적으로

정보는 신선도, 시의성이 매우 중요하므로 어떤 문제, 과제를 해결하거나 또는 어떤 목적에 부합하는 정보나 지식을 단번에 찾아내어 입수한다는 것은 불가능한 일이다. 그 목적에 도움이 된다면 일단 확보해 둘 필요가 있다.

그러한 것들을 여러 개 모아 논리적으로 연결, 종합하고 또 다른 어떤 확고한 사실과 진실을 적용하여 가공하면 목적의 90% 이상 유용한 정보가 만들어질 수 있는 것이다. 처음부터 완벽한 정보를 얻으려 하는 사람은 자기가 무리한 욕심을 부리고 있다는 사실을 깨닫고 겸손하고 착실하게 시작하는 자세를 갖추어야 한다.

구축된 정보망을 잘 운영하되 가장 크고 똑똑히 들리는 정보 소스에 맞추어 수집에 나서라. 자기가 필요로 하는 것을 충족시켜줄 만한 가급적 다양한 채널로 종합적인 정보망을 구축한 뒤에는 어떤 과제나 문제 해결과 관련해서 주파수를 맞추어 거기에서 수집의 창구를 확보해야 한다.

그렇게 해야만 가장 정확하고 효용이 높은 내용을 입수할 수 있다. 처음부터 입에 맞는 떡을 찾지 말라는 말도 정보수집 과정에서 통하는 의미 있는 옛말이다. 알고자 하는 분야의 사람들을 일단 여러 차례 만나고 자주 전화도 하고 서로의 흉금을 털어놓는 단계까지 되면 서서히 그쪽 방면의 마인드도 늘어나고 요령이 생기게 된다.

정보 수집의 기한을 설정하고 그 기한 안에 불가능하다고 판단되면 가장 중요한 것만 수집하고 다른 것은 과감히 포기하라. 요즈음과 같이 수많은 정보의 홍수 속에서는 자료의 제목만 보고 넘어가기도 불가능한 지경이다.

따라서 자기가 꼭 수집해야 할 정보의 종류와 대상, 중점 이슈들을 평소에 설정해 놓고 또 특별히 특정한 분야, 이슈에 관련되는 내용이 필요할 때는 어떤 종류의 정보 소스, 정보 형태에 접근하는 것이 효율적인지를 충분히 고려해서 정보에 접근해야 한다.

또 정보 소스에 접근해서 그 주제와 관련되는 것이 많을 때는 그 중에서 어떤 것을 버리고 어떤 것을 취할지 취사선택의 구체적 지침을 머리속에 분명히 정리 해두어야 한다.

이렇게 해야만 주어진 기한 안에 정보를 모을 수 있고 성과도 높다. 여러 가지 요구가 계속 발생하는 현대 사회에서 어떠한 한 두 개의 정보 입수에만 매달리는 것은 어떻게 보면 경쟁에서 패배한다는 것을 의미하는 만큼 '기한 내 정보수집 원칙'을 철저히 지켜야 한다.

아무리 조사를 잘하고 보고서를 잘 만들어도 모든 상황이 지나간 다음에는 차라리 하지 않느니만 못한다. 부정확하고 미심쩍은 면이 많더라도 일단 어느 수준과 어느 기한이 주어 졌다면 그 상태에서 마무리를 지어 보고하고 다시 지침을 받아내는 것이 현명하다.

마. 인물 분석

정보 관련 기사나 신문 기사의 등장인물은 대부분 잘 알려진 사람들이다. 간혹 사건·사고의 경우 새로운 사람이 나타나기도 한다. 각 주인공들의 개별적 요소를 정확히 파악하지 않고서는 개념 정리가 잘 안 될 경우가 많다. 하지만 기본적인 파악하는 방법은 인물 분석이다.

인물 분석의 3대 요소는 그 사람의 출생지, 즉 도시냐 농촌이냐 등이며, 학력은 어떤 학교 출신이냐 또 교육정도는 어느 정도인가이다. 그 다음은 나이다. 나이는 청년기, 장년기, 노년기 등으로 구분할 수 있는데 이 세 가지를 자세히 한다면 인물분석은 100%는 아니더라도 전체적으로 만족할 수 있으리라 본다.

그 다음으로 중요한 것이 경력이다. 어떤 직업과 보직, 직위를 거쳤으며 어떤 분야에 종사했는가 하는 것 등이다. 이것이 어쩌면 가장 중요한 요소가 될 수도 있다. 왜냐하면 그 인물의 현재 상태를 가져오게 된 구체적인 경위가 이 경력 사항으로 밝혀질 수 있기 때문이다.

최근에는 조직마다 능력을 중시하는 경향이 일고 있는데 이는 연봉제 도입으로 더욱 더 확산될 조짐을 보이고 있다. 이렇게 되면 인물 분석의 비중도 학력에서 경력이 중시될 것으로 예상된다.

제3절 필요한 정보

1. 정보원(Source)

현대를 정보 홍수 시대라고 할 만큼 우리는 수많은 정보 속에서 살고 있다. 매일 매일 매스컴을 통해 쏟아져 나오는 뉴스, 각종 서적에 담겨 있는 지식, 광고 속에 담겨 있는 제품의 정보, 또는 기업 및 각종 기관들의 소식 등등, 이런 수많은 정보들을 우리는 접해 보지도 못한 채 흘려버리거나 그 가치를 충분히 알지 못해 사장시켜버리는 경우가 허다하다.

과학기술의 발달로 정보원의 형태 또한 다양해졌다. 가장 소박한 인쇄물에서 영상, 컴퓨터 소프트웨어에 이르기까지 이루 열거하지 못할 정도이며 어느 한 순간 소홀히 할 경우 전혀 알지 못하는 새로운 형태로 발전해 우리를 당황하게 만든다. 따라서 우리는 정보원에 대해 항상 관심을 갖고 개발해야 하며, 최소한 어떤 정보는 어디에 가면 그 소재를 확인할 수 있는지를 파악해 놓아야 한다. 이를 게을리 해 당장 눈앞에 일이 닥쳤을 때 소재를 파악하고자 하면 이미 때를 놓쳐버리기 십상이다. 정보원은 열거하기 힘들 정도로 많지만 꼭 주의해야 할 것 들만 체크하여 짚고 넘어가야 한다.

가. 가장 평범하고도 중요한 정보원은 사람

정보원으로서 가장 평범하면서도 중요한 것은 사람이다. 사람은 자기 취향에 따라 또는 종사하고 있는 직종의 특성에 따라 특별히 관심을 갖고 있는 분야가 있다. 따라서 인맥을 적절하게 형성·관리하는 노력은 정보 수집의 지름길이라 할 수 있다. 주변 친구의 정보력을 간과한 채 정보 수집을 위해 혼자 끙끙 앓았다면 여러 번 시행착오를 거칠 것이고 조사내용 또한 피상적이고 시대에 뒤떨어진 정보를 얻게 될 것이다. 그 만큼 정보원으로서 사람은 중요하다. 항시 어떤 분야에는 내 주위에 누가 있는가를 기억하고 가장 최신 정보는 그 분야의 전문가가 갖고 있음을 알아야 한다.

나. 쉬운 보도, 활용은 어려워.

정보원으로서의 매스컴 보도에 대해 우리는 효용성을 경시하기가 쉽다. 매일 접하는 것이고 누구나 얻을 수 있는 것이기 때문이다. 그러나 조사나 기획부문에 있는 사람이라 할지라도 흔히 그냥 놓쳐버린 내용이 일반적인 보도에는 수없이 많다. 그래서 스크랩 혹은 클리핑 작업은 중요하다. 참고로 스크랩과 클리핑을 구분한다면 스크랩은 특정 주제를 정하거나 목표를 가지고 관련기사를 분류해 모아놓는 것이고 클리핑은 주제에 관계없이 중요하다고 생각되는 기사들을 계속 철해 놓는 것이라고 할 수 있다.

기획이나 조사 업무에 종사하는 사람에게는 스크랩보다는 클리핑을 권하고 싶다. 특히 이 분야에서 일정 기간 일한 사람들은 어느 정도의 감을 갖고 있다고 믿는다. 따라서 "이것이 언젠가는 필요하겠지" 하고 모아두면 필요하게 될 것이다. 최소한 상사가 개인적 관심에서라도 "그거 요즘 어떻게 됐어" 하고 궁금해 할 때 책상 속에 넣어 두었던 관련기사를 보여줄 수 있을 것이다. 정보 관련 분야에 새로 입문하는 사람도 계속 이런 작업을 하다 보면 처음엔 신문 전체를 클리핑하고 싶은 갈등이 생길 정도로 가치 유무를 판단하는 데 애를 먹겠지만 곧 익숙해져 취사선택에 자신감을 갖게 될 것이다.

보도를 정보원으로 활용하는 데 또 하나의 주의할 점은 반드시 적절한 분류 작업이 필요하다는 점이다. 너무 세세히 분류해 놓으면 시간이 흐른 뒤에는 분류하는 일 자체만 해도 번거롭고 어려운 작업이 될 것이고 대충대충 분류하면 검색하는 데 많은 노력이 필요하게 될 것이다. 따라서 자신의 업무 요소를 정확하게 측정해서 바람직한 분류방법을 모색해야 한다.

다. 판단이 어려운 출판물

어떤 이는 요즘 출판의 시대라고 한다. 서점을 가보면 넓은 매장을 꽉 채운 서적들이 이 말을 실감나게 한다. 그러나 양은 늘어나는 데 반해 질은 천차만별이어서 어떤 책들은 "이거 정말 공해구나" 하는 생각마저 들게 된다.

출판물을 정보원으로 활용할 때에도 사람을 상대할 때와 같은 자세가 요구된다. 평소 관심을 갖고 어느 분야에는 어느 기관이 발행한 책들이 권위가 있다는 정도는 항상 숙지해야 한다. 그렇지 못할 경우 해당 분야의 권위자나 전문가에게 자문을 해서 적절한 책을 선택하는 노력이 필요하다. 만일 이런 작업이 선행되지 않을 경우 커다란 낭패를 당하게 될지도 모른다. 유명한 언론사에서 발행하는 출판물조차 사실과 다른 내용을 여과 없이 실어놓은 경우가 허다한 것이 현실이다. 정작 필요한 자료는 없고 결국 이리저리 자료만 찾다가 정해진 기일을 맞추지 못하는 실수를 저지르게 되기 쉽다.

정보는 시간이다. 아무리 좋은 정보라도 적시에 취득하여 쓰지 못한다면 누구도 그 정보의 가치를 인정해주지 않을 것이다. 출판물을 정보원으로 활용하고자 할 때에는 시간 개념을 갖고 한두 번에 뜻 한 바 목적을 달성하도록 특히 사전에 준비를 많이 해야 한다.

라. 바로 주위에 정보가 있다.

우리가 간과하기 쉬운 정보원 중의 하나는 조직내부이다. 바로 옆자리에 사계의 권위자라 칭해도 손색이 없는 동료가 있는데도 이 사실을 알지 못하거나 '권위에의 호소'로 인한 오류 때문에 멀리서 어렵사리 구해 온 정보가 그 동료에게 상식 수준이라면 이미 조직의 정보관리는 허점이 드러났다고 할 수 있다.

그리고 장시간의 노력을 기울여 조사를 해 놓았는데 이미 다른 부서, 심지어는 같은 부서 안에서 보고를 했던 내용이라면 적어도 그것은 한 걸음 앞선 보고서를 만들어야 효용가치를 인정받게 된다.

주위에서 자신이 원하는 정보의 3분의 1이상을 가까운 주변에서 얻을 수 있을 것이다. 그리고 기록으로 남겨둔다면 동료, 후배는 물론 자신에게도 훗날 유용한 정보로 기여할 날이 꼭 오게 될 것이다.

마. 다방면의 정보원을 가져라

정보의 내용은 그 등급에 따라 아니면 중요도에 따라 많은 지역에서 많은 종류의 사람을 통해 보고되어 그 내용이 일치하면 신뢰성이 높고 확실한 내용이라고 할 수 있다. 즉 다방면의 정보 수집이 100%의 진실성을 나타낸다고 본다. 그러나 정보내용이 각기 다른 경우는 좀 더 기일을 두고 처음부터 다른 각도로 봐야 할 것이다. 평소 불필요한 손님이 찾아오더라도 크게 손해 보거나 업무에 지장을 초래하지 않는다면 만나 자기와 다른 분야에 종사하는 사람들과 얘기를 나누면서 간접 경험을 쌓는 것도 대단히 바람직하다.

2. 경쟁사 및 해외 정보

가. 세금과 경쟁사 정보

신문지상에 나오는 세금 기사는 상대 회사를 평가하는데 아주 귀중한 자료가 된다. 상대 기업이 세금을 많이 낸다면 일단 회사 운영이 정상적으로 이뤄지고 있다는 뜻이다. 성장기업의 경우 어느 곳에서나 쉽게 알 수 있지만 그 밖의 작은 기업의 경우는 해당 지역 세무서나 중앙의 국세청에서 찾아보면 힌트를 얻게 될 것이다. 참고적으로 기업들은 1년에 4번에 걸쳐 부가세 신고를 한다. 분기별로 연말에 알아보면 1년의 합계를 볼 수 있다.

나. 동종업계를 주시하라

이는 동종업체는 동종업체가 잘 안다는 의미다. 경쟁관계에서는 생존하기 위해 언제나 상대회사를 신경 써야 하기 때문에 자연히 많은 정보를 축적할 수밖에 없다. 즉 자신이 알아내고자 하는 회사에 대해 마땅히 접근할 방법이 없을 때는 그 회사의 경쟁사 가운데 한둘 골라서 접근하는 방법도 이상적이다.

같은 업종에 대한 조사는 기업체 연감을 찾아보면 자세히 알 수 있고 각 증권회사에 고객에게 주는 상장회사 연감에서도 찾을 수 있다. 동종업계냐 이종업계냐 하는 것은 신문의 증권 란에 보면 업종별로 잘 나와 있으며 이를 참조하면 쉽게 이해가 될 것이다.

다. 대차대조표, 손익계산서를 보라

모든 가정에는 가계부가 있고 사람에게는 이력서가 따라 다닌다. 회사도 이 가계부나 이력서와 비슷한 재무상태 보고서라는 것이 있어 일 년에 한번 두 번 상·하반기 결산을 하게 되어 있다. 재무상태 보고서 중에서 대표적이고 모든 사람에게 알려져 있는 것이 대차대조표와 손익계산서이다. 전자는 그 회사가 가지고 있는 일정 시점 자산을 열거해 놓은 것이며 후자는 일정 기간의 손익상태를 나타내고 있는 것이다.

라. 경영주를 파악하라

경영주의 스타일이 그 나머지 종업원들의 스타일을 결정해주기 때문에 경영주는 가장 중요하다. 따라서 상대 회사의 전체적인 분위기나 여러 가지 의사결정방향은 최고 경영자의 경력을 검토해보면 그 나름대로 스타일을 알 수 있다. 경영주에 대해 알아보고자 하면 역시 기업체 연감을 이용하는 것이 손쉽다. 그 중 가장 공신력이 있는 자료로 널리 알려져 있고 맨 상단부에 기업의 현주소, 종업원, 자본금, 경영주들의 성명과 출신 등이 기재되어 있다.

마. 세일즈맨과 연관자를 통해 입수하라

회사란 재화와 용역을 가지고 제품을 생산하여 이익을 추구해나가는 집단이다. 그러다 보니 원료는 대부분 사 가지고 와야 하고 완성된 제품을 대리점이나 소매점을 통해 팔아야 하는 속성을 가지고 있다. 따라서 이 두 쪽을 집중적으로 분석하면 상대 회사에 대해 쉽게 알 수 있을 것이다.

기업은 원료를 싸게 확보하기 위해 여러 곳을 다니며 구입한다. 구입하러 온 담당자들을 통해 얼마든지 회사 내부 사정을 알 수 있고 제품을 팔아야 하는 대리점이나 판매처를 담당하는 담당자이다. 또한 회사에 대한 많은 정보를 가지고 있기 때문이다.

예를 들어 어떤 사람이 대리점을 내고 싶어서 자기 스스로 정보 수집을 한다면 기존의 대리점에서는 자기 회사가 낫다고 어느 정도 부풀려서 얘기하려 들기 쉽다. 그래서 제3자의 입장에서는 밝은 면만 보고 실수할 수 있을지도 모른다. 그러나 경쟁관계에 있는 회사 사람을 만나서 정보를 찾으면 나쁜 면도 충분히 알 수 있어 보다 정확한 의사결정을 할 수 있다.

바. 퇴직자를 스카우트하라

인간의 운명이 생로병사의 과정을 거치듯 기업의 조직원도 정년이란 굴레를 벗어날 수 없다. 이러한 논리에 따라 종업원들도 때가 되면 정년에 이르게 되고 후배들에게 자리를 물려주어야 한다.

그러다 보니 그 회사 내부에서 그 분야만큼은 알아주는 실력자도 퇴직을 피할 수 없게 된다. 이때 상대 회사를 잘 알고자 하는 경우 그런 퇴직자를 스카우트하여 자기 경영 방식의 새로운 장을 열거나 상대 회사의 노하우를 통째로 얻을 수가 있다.

간혹 신문을 보면 유명 그룹의 전문 경영자들이 퇴직하여 규모가 작은 회사의 최고 경영자로 발탁되는 경우가 많은데 이런 전문인을 받아들이는 기업은 일거양득할 수 있다. 기업의 조직이란 고정관념과 정체된 사고를 가지고서는 창조와 혁명이 일어날 수 없다는 것을 경영진들은 알고 있기 때문에 최고 수준의 그룹 출신들이 각광을 받는 것이 아닌가 생각한다.

사. 해외 정보

국제화, 세계화 시대를 맞아 해외 정보의 필요성은 절대적이다. 직접 해당국가의 문화를 접해보지 않은 상황에서는 아무리 사소한 것이라도 정보가 된다. 해외 출장자들이 먼저 가본 사람들의 경험을 듣는 것만으로도 상당한 사전 정보를 갖게 되는 것만 보아도 알 수 있다.

만일 국가별 정보를 현지에서 직접 파악하려면 몇 십 명의 인원이 일 년 내내 해외 출장을 다닌다 해도 모자랄 것이다. 따라서 해외 지사, 언론, 데이터베이스 망 등 국내에서 얻을 수 있는 자원을 최대한 활용해야 한다. 또한 해외 정보는 자칫 평소에 소홀히 하다 갑자기 사업과 연관되어 찾아보면 없어서 당황하는 경우가 많으므로 시스템을 구축해 놓는 것이 바람직하다.

국가별 정보에 대해서는 상당수를 해외 지사 등 주재원에 의존할 수밖에 없다. 그들이 매일 보는 일간지에 나오는 자료만 모아도 세계를 망라하는 매일매일의 정보 수집은 하게 된다. 거기에 대해 기업이 중요시하는 부분들을 스크랩해서 송부해 준다면 하나의 훌륭한 사업 기초 자료가 될 수 있다.

한국의 언론 구조와 외국의 그것이 다르기 때문에 외국의 언론은 정보로서 중요한 역할을 하게 된다. 외국기자들이 하나의 주제를 정해 취재한 기사를 보면 국내 회사원들이 관심을 갖고 오랜 기간 동안 취재를 하면서도 얻지 못한 정보를 얻을 수 있다.

따라서 외국 매체들을 체크하는 담당자를 두는 것이 바람직하다. 국내 대기업 중에는 담당자가 중요하다고 생각하는 기사들을 번역해서 해외 정보 자료로 만드는 곳들이 있다. 이러한 자료들을 꾸준히 축적한다면 해외 정보 백과사전이라 부를 만한 수준이 될 것이다.

또한 하나 해외 정보원으로서 중요한 것은 국제 데이터베이스 망이다. 또한 국내 정보와 마찬가지로 각 데이터베이스망의 정보를 종합해 입체적으로 분석하는 작업이 필요할 것이며 해당 지사가 있을 경우 현지 확인의 과정을 거친다면 정확성을 더욱 높일 수 있을 것이다.

사례

폭증하는 정보 스트레스 · 디지털 기기 의존증으로 기억력 '뚝'
젊은 직장인 · 전문직들 '디지털 치매'에 몸서리

로펌(법률회사)에 다니는 변호사(31 · 서울)씨는 디지털 기기로 무장해 있다. 업무량이 많고 복잡하다 보니 노트북 컴퓨터는 물론, 무선인터넷이 되는 3G 휴대폰, PDA(개인 휴대 단말기) 등을 이용해 업무 스케줄, 약속, 전화번호, 고객 등을 관리한다. 그러나 이씨는 과거 다이어리나 수첩을 이용했을 때보다 기억력이 눈에 띄게 나빠졌다. 이씨는 "특히 전화번호나 숫자, 사람 이름 등을 까먹는 경우가 잦아졌다"며 얼마 전엔 일을 끝내고 머리가 멍해진 채 차를 몰고 귀가했는데 "과거 이사 가기 전에 살던 집에 가 있더라"고 말했다. 이씨는 건망증이 심해지자 병원을 찾았다. 그러나 "뇌 질환 같은 질병이 아니어서 특별한 치료법도 없다"는 의사의 말을 듣고 돌아왔다.

소지품 잊어먹고 본인 휴대폰 번호까지 깜빡… 20~30대 60%
"건망증 앓고 있다"

멀티미디어 시대, 머리에 담아야 할 정보량이 폭증한 데다 각종 디지털 기기에 대한 의존도가 높아지면서 두뇌의 기억능력이 나빠져 뭔가를 자주 잊어버리는 20~30대 직장인들이 늘고 있다. 이들 중 증세가 심해져 병원을 찾는 사람들이 늘자 의학계에선 '디지털 치매'라는 용어까지 생겼다. 디지털 치매는 디지털 기기를 자주 활용하는 도시 샐러리맨이나 전문직 종사자들이 주로 겪는 일종의 건망증으로, 불면증 · 두통처럼 현대인에게 흔한 증상이 됐다고 전문가들은 말한다.

'디지털 치매'에 걸리는 젊은이들

건설회사에 다니는 공모(32 · 서울)씨는 요즘 중요한 일을 깜빡깜빡 잊어버린다. 얼마 전, 직장 상사로부터 건설 프로젝트에 대한 문의를 받고는 "제가 그 프로젝트를 했었나요?"라고 되물었다가 어려움을 겪기도 했다. 공씨는 휴대폰이나 지갑을 자꾸 버스나 사무실에 놔두고 잊어버리자, 아예 지갑 · 휴대폰 · 열쇠 · 수첩 등 소지품을 통째로 넣어두는 작은 가방을 갖고 다닌다. 공씨도 PDA와 같은 디지털 기기를 애용해왔다.

서울의 대형 종합병원들 관계자는 “정확한 통계는 없지만 디지털 치매 문제로 상담을 받기 위해 병원을 찾는 젊은 직장인들이 눈에 띄게 늘었다”고 말했다. 삼성서울병원 나덕렬 교수는 “최근 몇 년간 건망증 상담을 받는 이들이 많이 늘었다”면서 “이들의 증상은 주로 뇌 이상보다는 디지털 기기의 사용 등 환경적인 요인에 의한 것”이라고 말했다.

최근 취업 포털 인크루트(www.incruit.com)와 리서치 전문기관 엠브레인이 직장인 2030명을 대상으로 한 조사에서는 1281명(63%)이 건망증을 앓고 있다고 답했다. 특히 20~30대 직장인 중 60%이상이 건망증을 겪고 있다고 호소했다. 건망증을 겪는 이유에 대해 이들 중 261명(20.4%)은 ‘휴대폰 · PC등 직접 기억할 필요가 없는 환경 때문’이라고 응답했다.

두뇌의 기억능력 위협하는 디지털 기기

버튼 하나로 기억력과 사고능력을 대신해주는 디지털 장비들이 ‘기억하려는 노력과 습관’을 필요 없게 만들고 있다. 삼성서울병원 윤세창 교수는 “기억 대신 검색이 중요한 위치를 차지하게 되면서 검색에 필요한 뇌기능은 발달하지만, 두뇌의 기억용량은 감소하게 된다”며 “디지털 기기에 지나치게 의존하면 기억력이 쇠퇴한다.”고 지적했다.

사람의 기억은 뇌의 ‘해마’라는 부위에서 주로 담당하는데, 기억력을 사용하지 않으면 해마의 위축을 가져오고 기억 용량이 줄어든다는 것이다. 여기에 과한 술과 담배가 겹칠 경우 디지털 치매 증세는 더욱 심해진다.

디지털 치매 완화하려면

디지털 치매에서 벗어나려면 적절한 휴식과 기억력을 키우는 습관이 중요하다고 전문가들은 충고한다. 강동성심병원 연병길 교수는 “디지털 치매는 뇌 질환이 아니라, 정보 과다로 인해 뇌가 주변 정보를 자꾸 밀어내는 현상”이라며 “마음을 편히 먹고 느긋하게 생각하면서 사는 태도가 필요하다”고 말했다.

삼성서울병원 윤세창 교수는 “전화번호, 이름, 물건의 명칭, 시구, 성전의 구절 등 일상생활에 관련된 내용을 가능한 한 많이 암기하도록 노력하는 게 중요하다”며 “가능하면 손으로 쓰고, 직접 계산하는 습관을 기르는 것이 건망증 예방에 도움이 된다.”고 말했다.

→ 디지털 치매

'디지털 치매'는 휴대폰 · 컴퓨터 등 디지털 기기에 지나치게 의존한 나머지 기억력과 계산 능력이 크게 떨어진데다 과다한 정보 습득으로 인해 각종 건망증 증세가 심해진 상태를 뜻하는 신조어. 2004년 국립국어원 신어(新語)자료집에 처음 등재됐다. 의학적으로 뇌세포가 파괴되는 등의 원인으로 생기는 질병인 '치매(癡呆)'와 달리 '디지털 치매'는 질병이 아닌 사회적 현상이 낳은 증상으로 분류된다.

출처: 조선일보 6월 5일

제5장 정보관리

제1절 정보는 왜 중요한가?

1. 기업과 정보

경쟁시대에서 인간의 활동에는 전략과 함께 정보가 중요한 요소로 자리 잡고 있다. 기업에 근무하는 사람으로서 이런 정보의 중요성을 인식해 보지 않은 사람은 없을 것이다. 영업, 구매, 관리, 기획 등도 마찬가지이다.

정보가 없으면 중요한 핵심 전략이 세워질 수 없음으로 핵심을 찌르지 못하고 주변 이야기만 할 수 밖에 없으며 경쟁자를 이기는 방법을 알 수 없게 된다. 더욱이 기업 활동에서 정보의 중요성은 아무리 강조해도 지나치지 않다. 물론 비즈니스가 제로 섬 게임만으로 그치는 것은 아닐 뿐만 아니라 상대가 있고 환경변화는 곧 경쟁 상대에 대한 정보뿐만 아니라 환경에 대한 정보도 매우 필요한 사항이다.

기업에서 이처럼 정보의 필요성을 깊이 인식하고 강조하다 보니 최근 모든 사람들이 정보가 곧 생명이라는 인식을 갖게 되고 심지어는 어떤 기업의 경우 "국가 정보기관보다도 빠른 정보력을 갖고 있다"는 과장된 얘기가 나오기도 한다. 물론 기업이 관심을 갖고 있는 분야라든지 특히 주재원들이 많이 나가 있는 특정 국가에 대해서는 그럴 수도 있겠지만 개별 기업이 국가 차원의 전문가를 당해낼 수는 없으리라고 본다.

기업 활동에서 정보는 매우 중요하며 필수적인 요소가 되었고, 기업들은 정보화 시대에 뒤떨어지지 않기 위하여 정보 수집에 많은 투자를 하고 있다. 특히 국경 없는 경제전쟁을 맞아 급변하는 국내외 환경으로 말미암아 정보는 이제 비즈니스 세계에서 빼놓을 수 없는 변수로 자리 잡고 있다. 기업경영의 첨병 역할을 수행하는 영업 부서에서부터 최고 경영자에 이르기까지 정보의 중요성은 날로 커지고 있다.

현대를 살아가는 사람이라면 특히 기업을 비롯해 특정조직에 몸담고 있는 사람이라면 정보가 무엇인가 하는 정도의 감을 갖고 있어야 한다. 정보가 뒷받침되는 행동은 그 만큼 자신이 있기 때문이다.

2. 정보의 중요성

오늘날 사회생활은 국가나 기업과 같은 커다란 조직과 개인이 맺는 관계이므로 그 유형이나 모습은 복잡하고 다양하다. 어찌 보면 앞이 보이지 않는 미로를 헤쳐 나가는 것과도 같다. 정보는 이러한 미로 속에서 장애물을 알려주고 가장 빠르게 목표에 도달할 수 있도록 하는 일종의 등대라 할 수 있다.

스피드가 생명인 현대인은 순간순간 의사결정을 해야 생존할 수 있다. 제한된 시간에 제한된 정보를 가지고 제각기 최선의 결과를 도출하기 위해 마치 게임하는 것처럼 살아가야 한다. 정보는 이러한 순간순간마다 의사결정에 필수불가결한 등대구실을 해주고 있는 때문에 정보의 중요성은 아무리 강조해도 지나치지 않다.

가. 정보의 3원칙

정보는 신속, 정확 적합이라는 3가지 원칙을 갖고 있다.

첫째, 신속성이다.

먼저 파악하고, 선점한다는 것은 기업의 입장에서는 너무도 중요하다. 제품판매 과정만 봐도 누구나 알 수 있을 것이다. 먼저 시장에 나온 상품이 있다면 나중 제품이 우수한 품질을 갖추었다 하더라도 계속 밀린다는 사실을 익히 알고 있을 것이다. 정보도 남보다 먼저 알아채는 선견력이 있어야 한다. 그래야

시장을 장악할 수 있는 것이다.

둘째, 정확성이다.

빨리 알면서 정확해야 한다는 내용인데 그야말로 이율배반적인 얘기이다. 보통 6하 원칙에 의해 정보를 표현하고 보고서를 쓰는데 될 수 있으면 여러 군데에서 비슷한 정보가 흘러나오면 정확성을 인식할 수 있다.

셋째, 적합성이다.

정보를 말한 출처가 어느 정도 신빙성을 가질 수 있느냐 하는 문제이다. 가급적이면 전문가나 유경험자, 그 분야 종사자 등이 제공한 정보가 믿을 수 있다. 말한 사람이 없다면 그것을 계획하거나 시행하는 기관 또는 회사도 신뢰 정도를 판가름하는 데 중요한 역할을 한다.

나. 정보와 정보력, 정보 마인드(Mind)

정보란 것이 하루아침에 얻어질 수 있는 것이 아니란 점이 항상 고민거리이다. 평소 무심코 지나쳐버렸던 것들이 다른 일을 하는데 필요해서 아쉬웠던 기억, 술자리에서 친구가 들려줄 때는 듣는 등 마는 등 했던 얘기가 막상 생각나지 않아 기억을 되살리기 위해 애썼던 경험들을 우리는 많이 갖고 있다. 정보수집의 경우 평소에 관심을 갖고 노력을 들이는 것이 급할 때 찾는 것보다 몇 배의 노력과 시간을 절약할 수 있는 것이다. 정보는 꾸준히 관심을 갖고 연구하는 사람에게나 영광이 돌아가는 것이다. 혹자는 어떤 정보가 어디에 있는가만 알아도 대단한 정보력이라는 얘기를 한다.

즉 정보에서도 이제는 What의 시대가 아니라 Where의 시대가 도래 했다는 얘기이다. 그러나 최소한의 What을 갖추지 않고서야 어찌 Where 을 알겠는가. 정보력을 키우는 또 한 가지 방법은 기록의 생활화이다. 단순한 예로 매일 쓰는 일기를 합치면 작은 자서전이 되고 일간지 주요 기사를 리스트로 만들어 놓으면 자기 자신만의 노하우가 될 수 있다. 항간에 정보력을 감으로 비유하는 사람이 있다. 분명히 사람에 따라 뛰어난 감이 있어 특유의 정보력을 발휘하는 경우도 있긴 하지만 정보력에는 무엇보다 노력과 투자가 필요하다.

우리는 정보의 홍수시대에 살고 있다. 매스컴, 출판물 그리고 각종 보고서들을 정말 수용하기에 벅찬 정보들이 매일 매일 숨 가쁘게 쏟아져 나온다. 아무리 기억력이 뛰어난 사람도 머리에 저장하는 데 한계가 있는 실정이다. 그래서 갈수록 정보를 컴퓨터에 의존해야 한다. 그러나 컴퓨터 역시 사람이 만든 물건이기 때문에 분명히 한계가 있다. 결국 사람의 노력으로 다양한 정보를 필요한 취사선택하여 사용하는 것이 중요하다.

정보력 못지않게 필요한 것은 정보 마인드이다. 이 정보 마인드는 정보를 담당하는 사람뿐만 아니라 조직구성원, 그리고 경영진까지 갖추고 있지 않으면 그 조직에는 결코 정보가 모이지 않는다. 정보를 필요로 하는 사람이라면 기본적인 사람들의 정보 마인드는 계속적인 교육과 훈련을 통해 길러진다고 생각하고, 몇 가지 최고 경영층으로서 갖추어야 할 정보 마인드를 보면 다음과 같다.

첫째, 정보제공자에게 절대 기획까지 지시하지 말라.

정보를 제공한 사람에게 "그럼 그 일을 자세히 조사해서 사업계획을 해봐" 라고 지시한다면 그 사람은 다시는 정보를 가져오려 들지 않을지도 모른다. 거기에 더해 이 같은 소문이 조직 안에 퍼진다면 다른 사람들도 정보 보고를 꺼리게 된다.

둘째, 제공된 정보에 대해 상대방에게 진위 여부를 추궁하지 말라

정보는 첩보 수준에 그치는 것도 있고, 확실한 정보 형태도 있을 것이다. 그런데 그 자리에서 정보의 진위 여부를 캐려 한다면 앞으로 정보 보고에 대해 겁을 먹게 되고 그러다 보면 차츰 정보의 양은 줄어들 것이다. 진위 여부는 보고 받은 자신이나 혹은 다른 루트를 통해 검증해보는 자세가 필요하다.

셋째, 정보원(Source)를 캐려들지 말라.

이는 언론사와 같은 곳의 철칙이기도 하지만 정보 마인드로서도 반드시 갖추어야 할 덕목이다. 정보원에는 친구도 있을 수 있고 가까운 친척도 있을 것이다. 그렇다면 그들은 대개 자신이 소속된 조직의 일을 얘기하여 주었을 터인데 이를 자꾸 알려달라고 하면 얼마나 곤란하겠는가, 또 다른 사람들 역시 이 사실을 알게 되면 우연히 알게 된 중요한 정보를 소속 집단에 제공하기를 주저할 것이다.

이밖에도 정보 수용자가 갖추어야 할 자세는 이를 지키는 데는 상당한 인내가 필요하고 어려움도 따른다. 결국 조사나 기획을 담당하는 실무자가 경영진

을 교육 시키는 방법밖에는 도리가 없다.

경영진과 함께 구성원들의 정보 마인드 또한 중요하다. 자신이 정보와 상관없는 일을 하다 보면 중요성을 간과하기 쉽다. 조직전체에 보탬이 되는 사안인데도 나와 상관없다는 생각에서 지나쳐버리게 되는 것이다. 각 기업들은 정보 제공자에게 인센티브 제공 등 제도와 장치를 마련할 필요성이 있다고 본다. 구체적으로 뒷받침되지 않는 제도는 무용지물이 되기 쉽다.

3. 정보의 종류

정보는 통상적으로 그 가공의 정도에 따라 사실, 첩보, 정보로 분류된다. 이에 극히 피상적인 수준에서 설명하자면 단순한 일의 발생을 아는 수준은 사실이다. 단순한 일에 대한 심층 취재로 6하 원칙을 어느 정도 갖추게 되면 첩모라 부를 수 있다. 그 첩보를 원인과 배경까지 추적해내고 여기서 전망까지 덧붙이게 되면 비로소 정보 형태를 갖추게 되는 것이다.

또 다른 분류로는 디지털 정보와 아날로그 정보로 구분하기도 한다. 디지털 정보는 수나 양으로 계량화시킨 정보라 할 수 있고, 아날로그 정보는 정황이나 연속성 중심의 정성적(定性的) 정보라 하겠다. 디지털 정보는 대개 마케팅 관련부서에서 많이 다루어질 것이고 아날로그 정보는 경영진 보좌나 중장기 전략 수립 부서에서 주로 취급한다.

그러나 학문의 분류에 커다란 의미를 부여하지 않는다. 구체적으로 사업내용에 따라 정보원도 다르고 수집방법, 분석, 활용이 달라질 수 있기 때문이다. 기업에서는 주로 상시 정보와 기획정보로 분류하고 있다. 상시 정보는 고유 업무 수행상 수집되는 정보를 일컬음이고 기획정보는 특정 목표를 갖고 수집해야 하는 정보라고 할 수 있다.

상시 정보의 경우 조사나 기획 업무를 담당하는 사람에게 업무의 절반 이상을 차지할 정도로 비중이 크다. 통상적인 루트를 관리하고 평소 훈련을 통해 정확히 분석해냄으로써 상시 정보는 그 효율성을 극대화할 수 있다. 기획정보는 어떤 특정한 목표를 갖고 수집되는 정보이다. 이러한 정보는 비공개보다는 공개 정보 쪽에 더욱 많은 비중을 두어야 하고 그것의 분석과 가공이 상시 정보에 비해 상대적으로 더 많이 필요하다.

적어도 조사 및 기획 담당자들은 이 구분에 따라 정보 취급 원칙을 정해 놓는다면 업무 수행에 필요한 노하우를 쉽게 터득할 수 있으리라고 본다. 또 이에 필요한 매뉴얼을 만들어 놓는다면 후배들에게 많은 도움이 될 것이다. 특히 기획정보는 목적 업무의 특성에 따라 분류도 가능하기 때문에 매뉴얼 작성을 구체적인 부분까지 할 수 있으리라고 본다.

제2절 정보의 판단과 가공

통상 정보시장에 유통되는 정보의 반은 사실이고, 반은 허위라고 할 수 있다.

허위정보는 대부분 상대방을 모함하거나 자신의 약점을 숨기기 위해 만들어진다. 이러한 정보의 진위를 파악하는 활동이 정보 판단이다.

1. 정보 판단

가. 상대 정보를 예의 주시하라

정보 판단을 하기 위해서는 정보원별로 정보 양태를 항상 관찰해둘 필요가 있다. 이 정보원은 이러이러한 특성을 갖고 있다는 식으로 기록해두어야 한다.

한 가지 예를 들어보자. 모 그룹이 신규 사업에 진출하기 위해 애를 쓴 적이 있다. 정부에서는 허가해줄 기미를 좀처럼 보이지 않는데도 수개월 내내 정부 허가가 임박한 것처럼 얘기가 흘러나왔다. 그때마다 근원을 추적하면 바로 그 회사가 진원지였다. 그러다가 갑자기 그쪽에서 거의 가망성이 없다는 루머가 다시 흘러나왔다.

물론 이는 극히 드문 예이기는 하나 이런 일은 흔히 일어날 개연성이 충분하다. 여기서 우리는 정보원별 양태를 유심히 관찰해 앞으로의 추이를 전망하는 자세가 필요하다. 그러나 이는 평소 과정을 거친 뒤에 면밀한 검토를 진행하고 나서 적용해야 한다.

나. 상식에서 출발하라

사람의 일이란 대부분 상식선에서 이루어진다. 물론 사회의 구성원이 모두 상식적인 행동을 하는 것은 아닌데다 전혀 예기치 못한 돌발적 상황이 발생하기도 한다. 그러나 대부분의 일들은 사람들이 예측할 수 있는 범주에서 이루어지고 기업 정보의 대상이 되는 각종 상황들은 더욱 그러할 것이다. 정보 업무를 담당하다 보면 다수결 원칙의 근저에 자리 잡고 있는 '당신이기 때문에 옳은 것이 아니라 옳기 때문에 다수' 라는 말이 더욱 실감나게 된다. 그렇다고 확률에 의존하라는 말은 아니다.

기업의 조사 업무 담당자 중에도 대부분의 사람이 예견하고 있는 상황인데 혼자서 자신만의 독특한 발상으로 전혀 엉뚱한 결론을 내리는 사람들이 종종 있다.

이 경우 대개는 오판이기 쉽다. 그러나 그런 와중에도 정말 드물게 맞추는 수가 생긴다. 이른바 특종이란 건수를 올리게 되는 경우이다. 그러나 정보 업무란 일확천금의 기회를 노리는 도박이 아닐진대 아흔아홉 번을 틀리고 한 번을 맞춘들 무슨 소용이 있겠는가.

다. 악성 정보에 유의하라

가끔 기업과 개인을 대상으로 한 악성루머가 있을 수도 있다. 특히 특정 기업이나 개인에 대한 부정적 정보의 많은 경우는 루머이기 쉽다. 이러한 때 그 정보가 6하 원칙을 갖추고 있지 않으면 무시해버려도 좋다. 설사 6하 원칙을 갖추고 있더라도 언론보도 등과 크게 어긋날 경우에는 마찬가지이다.

개인은 이러한 정보에 희생되는 경우가 오히려 적다. 그러한 기업들은 그렇지 않다. 잘못된 정보로 인해 기업이 희생되는 사례도 있다. 심지어 언론에까지 보도됨으로서 결국 문을 닫아버리는 안타까운 일까지 있었다. 이에 대한 주의가 특별히 필요하다.

라. 정보의 분석과 가공

수집한 정보를 분석하는 작업은 꼭 필요하다. 그렇지 않다면 단순한 수집으로 끝나버리고 만다. 정보를 분석해서 자기가 속해 있는 집단에 유용한 정보로 만드는 작업은 필수적이라 할 것이다. 그것이 정보의 가공이다.

정보 분석에서 제1원칙은 입체성을 가지라는 것이다. 정보의 이면을 반드시 볼 줄 알아야 한다. 정보의 피상적 모습만 보아서는 오류를 범하게 된다.

정보를 분석하기 위해서는 평소에 상식을 많이 쌓아 놓아야 한다. 지식과 상식의 구분은 독자들의 판단에 맡기기로 한다. 신입사원 혹은 신입이 아니더라도 다른 직종에 근무하던 사람들에게 정보 업무를 맡기면 상식의 중요성을 스스로 절감할 것이다. 조사나 기획을 담당하는 사람들은 무불통지의 경지에 이르지 않으면 안 된다는 자세가 필요하다. 아무리 하찮은 상식도 언젠가는 업무에 필요하게 될 것이다.

정보 가공은 반드시 자신이 속한 집단과의 연관성을 기초로 해야 한다. 이에 대한 예로 다소 과장되지만, 어느 종합상사의 성공사례가 자주 거론된다. 이 종합상사의 의류사업 본부에서는 연초 특정지역의 여름철 장마가 길고 강우량도 많을 것이라는 기상정보를 입수했다. 그래서 "이 지역에서 비옷에 대한 수요가 폭발적으로 증가할 것"이라는 결론을 내렸다. 따라서 상반기 중에 우의생산설비를 완전 가동하는 등 만반의 준비를 갖추었다. 결국 여름이 되어 그들의 예상이 적중했고 막대한 매출액을 기록했다는 것이다.

2. 정보관리와 보안

가. 정보 수집보다 보안을 우선시하라

경쟁에서 이기기 위한 정보수집 및 관리가 더욱 중요해지는 현대 사회는 정보관리가 얼마나 중요한지를 이야기 해 주고 있다. 해커들이 정보망을 침투하여 정보를 탈취해 가고 그것을 통해 경쟁사, 경쟁국가가 상대를 위협하는 정도의 산업시대이다. 더욱 끔찍한 것은 개인 신상에 관한 정보들이 무방비 상태로 노출돼

인터넷에 떠돌고 있다는 것이다. 물론, 아주 오랜 시대부터 이러한 정보 경쟁은 이어져 왔지만 현재와 같은 심각한 정도는 아니었다. 이러한 정보관련 또한 첩보 활동들은 항상 있어왔고 그에 대한 방지책 역시 꾸준히 연구되어 왔다.

보안의 가장 좋은 방법은 비밀을 생산하지 않는 것이다. 비밀을 생산한다는 것은 곧 유출을 전제로 한다. 영업이 우선인 기업에서는 더욱 그러하다. 절대적으로 보안이 필요한 것이라면 구두 보고로 끝을 내고 문서 형태로 남겨놓지 말아야 하며, 기록이 필요한 경우 문서화에 정해진 장소에 보관해야 한다. 만일 문서 보고나 연락이 필요하다며 반드시 관리 번호를 부여해야 하는데 이때 관리번호는 페이지 마다 명기하는 것이 바람직하다. 그리고 반드시 회수를 해야 한다.

이와 함께 시건 장치와 경비의 필요성이 차츰 늘고 있다. 모 기업의 경쟁업체 무단 침입 사건을 보더라도 경비의 중요성을 알 수 있다. 조금만 더 주의를 기울였더라면 미연에 방지할 수 있었던 것을 평소 관행대로 일을 처리하다 보니 생긴 일일 것이다. 또 다른 그룹에서 사내 CA-TV를 통해 문제점을 지적해 센세이션을 일으킨 적이 있듯이 퇴근 후의 사무실에 회사의 운명을 좌우할 지도 모를 중요한 서류들이 그대로 방치돼 있는 것을 흔히 볼 수 있다.

개개인의 주의가 우선이지만 시건 장치로 보완할 수 있는 문제이다. 정보 마인드와 함께 보안 역시 구성원의 의식문제가 선행되어야 한다. 현대인들은 하루 평균 1회 이상 통신판매 등 무수한 전화나 단문메시지(sms)를 받게 된다.

그때마다 의아한 것이 나의 정보를 어떻게 알았을까? 하는 것이다. 신용카드 회사를 의심해보기도 하지만 그들이 나를 속속들이 알기는 힘들 것이라 생각한다. 그 출처를 알아보면 대부분 소속된 기관에서 유출시킨 것이다. 이러한 문제들은 제도적인 장치만으로는 해결되지 않는다.

이런 과정에서 기업이 고민스러운 것은 정보 활용과 보안 문제의 이익 상충이다. 모든 구성원에게 필요한 정보임에도 불구하고 보안이 유지되어야 유용성을 보장받는 경우가 자주 있기 때문이다.

이 문제를 해결하기 위해서는 전문적인 정보관리부서가 필요하다. 정보관리부서에서 정보별로 등급을 매겨 해당하는 사람만 열람할 수 있도록 시스템을 갖춰놓는 것이 가장 안전한 방법이다.

나. 정보 관리 활용에 중점을 두라

정보는 축적되어 있을수록 고급화된다. 정확한 정보 판단과 입체적인 분석이 가능하기 때문이다. 어느 조직이나 정보가 필요하다면 역대의 정보에서부터 현재의 정보까지 망라하는 나름대로의 관리 체제를 만들어 놓고 있을 것이다. 그러나 정보 관리는 반드시 활용에 그 초점을 맞추어야 한다.

'보기 좋은 떡이 먹기도 좋다'는 속담이 있다. 정보 역시 가능한 한 보기 좋게 관리해야 하겠지만 여건상 그것이 불가능하다거나 혹은 양쪽 다 취할 수 없다면 당연히 활용 쪽을 권하고 싶다. 관리 외관만 보면 그럴 듯하지만 실제 활용하는 사람들은 불편하기 이를 데 없다면 실패한 정보 관리는 담당자가 혼자서 방식을 고민하기보다 정보를 활용할 구성원들의 의견을 종합적으로 수렴한 뒤에 결정해야 한다.

정보 관리에는 분류가 필수적이다. 분류를 할 때에는 자신들의 업무와 단위기간 별로 입수되는 정보의 양, 활용도 등을 포괄적으로 정리해 반드시 자료분류 전문가에게 의뢰해야 한다. 정보 분류를 가볍게 여겨 실무자가 직접 하려든다면 처음에는 만족스럽다고 생각할지 모르나 훗날 이를 활용할 때에는 반드시 후회를 하게 될 것이다. 너무 세밀하게 혹은 너무 포괄적으로 했거나, 분류가 적절하지 못하기 때문이다. 따라서 전문가의 조언이 필요하다. 그러나 전문가에게 맡겨 놓아서만은 안 된다. 그 사람은 분류 전문가일 뿐 해당 업무는 실무자가 잘 알고 있기 때문이다. 분류 작업이 끝날 때까지 전문가와 긴밀한 협조체제로 유지해야 한다.

사례

장미족 · 칩거족 · 공휴족… 취업난 시대 '슬픈 족속들'

여름방학이 시작된 대학 도서관에서는 '장미족'을 쉽게 만날 수 있습니다. '장기(長期) 미취업 졸업생'을 줄여 이르는 말인데, 화려한 스펙(specification · 학점과 어학점수 등 취업에 필요한 객관적 성적)에도 불구하고 직장을 찾지 못한 사람들입니다. 장미처럼 겉모습은 화려하지만, 가시를 품고 있습니다. 이 중 일부는 취업을 하지 못한 콤플렉스 때문에 방에 틀어박혀 은둔하는 '칩거족'이 되기도 합니다.

휴식을 두려워하는 '공휴족(恐休族)'도 급속히 늘고 있습니다. 아르바이트, 공모전, 인턴십, 자격증 취득 등 취업에 도움이 될 만한 일이라면 휴일이나 방학에도 쉬지 않고 달려들고 있습니다. 그렇게 하지 않으면 다른 사람에게 뒤처질지 모른다는 불안감에 시달린다지요.

학점을 따기 위해 지방으로 내려가는 '학점 쇼핑족'도 상당히 많습니다. 이들은 방학 중 계절학기 수업을 학점 잘 주는 다른 대학에서 골라 듣습니다. 제주도로 가는 사람들도 있는데, 제주대의 골프, 스킨스쿠버, 윈드서핑 등 레저 관련 수업 중에는 다른 학교 학생 수가 30%를 넘는 것도 있답니다.

함께 밥 먹고 공부하며 취업 정보를 공유하던 스터디 모임의 모습도 많이 바뀌었습니다. 소위 '튀는' 사람이 취업에 유리하다는 생각에서 노래 스터디, 마술 스터디 같은 이색 스터디 모임이 생겨나고 있습니다.

'모욕 스터디'라는 것도 있습니다. '압박면접'(구직자의 순발력을 테스트하기 위해 단점을 물고 늘어지는 면접방식)에 대비하기 위한 모임인데, 대화 도중 상대방의 말 실수나 신체적 약점을 집요하게 꼬집어 내어 모욕감을 주는 게 목적이지요.

취업사이트 커리어 신길자 팀장은 "방학 동안 여행을 다니고 농활을 떠나던 모습은 옛날 이야기가 됐다"고 말합니다.

좀체 풀릴 줄 모르는 취업난 속 요즘 대학 캠퍼스의 모습입니다.

출처: 조선일보 2007년 6월

제2부

성공을 만드는 능력

제6장 기본 프리젠테이션

제1절 비즈니스 성공과 프리젠테이션

최근 들어 기업의 비즈니스에서 중요한 과제 중 하나는 기업이 가지고 있는 경쟁력을 '어떻게 고객에게 잘 전달할 것인가' 라고 하는 것이다. 아무리 멋진 외모를 가진 사람이 경쟁력을 전달한다고 해도, 혹은 아무리 말솜씨가 뛰어난 베테랑이 전달한다고 해도 그것은 고객의 만족과 일치하기가 쉽지 않은 일이다. 그렇다면 과연 프리젠테이션을 어떤 방식으로 해야만 비즈니스가 성공하는지 이 장에서 알아보기로 한다. 그렇다면 프리젠테이션을 하는 이유는 무엇일까?

1. 프리젠테이션을 하는 이유

프리젠테이션은 기업이 가지고 있는 경쟁력을 제안하여 고객으로부터 신뢰감을 얻고자 하는데 그 근본적인 이유가 있다. 물론 이외에도 프리젠테이션을 통한 좀 더 깊은 제품과 서비스의 이해가 오히려 원가를 절감하는 효과도 있다.

또한 프리젠테이션을 통해 고객에게 더 유리한 위치를 차지하려는 기업의 의도도 포함되어 있으며 이러한 이유들은 기업이 전문 프리젠터를 개발하고 육성하도록 하는 원인이 되기도 한다.

아주 간단하게는 기업이 지닌 지식, 방침, 제안, 서비스, 기술, 보고 등을 고객에게 전달하고 제공함으로 고객의 만족을 유도하고 궁극적으로 양사간의 파트너십을 체결하도록 하는 과정인 것이다. 이로 인해 비즈니스의 성공이라는 커다란 결과를 이끌어 낼 수 있게 된다.

- 프리젠테이션을 해야 하는 이유
  - ✓ 제안 내용에 대한 신뢰감
  - ✓ 비용(cost) 절감
  - ✓ 프리젠터(presenter)가 유리한 위치 차지
  - ✓ 프리젠터의 개발

2. 프리젠테이션의 정의

프리젠테이션의 정의는 한정된 시간 내에 정보를 정확하게 전달, 설득하여 고객으로 하여금 판단과 의사결정까지 하게 하는 커뮤니케이션(communication) 방법이다. 즉, 정보의 전달과 설득을 위해 프리젠터는 자신의 시각과 입장이 아닌 고객(청중)의 눈높이에서 고객이 오케이 할 때까지 명확하게 상호작용해야 하는 책임이 있는 것이다. 그렇다면 고객마다의 원하는 니즈(needs)가 다양한 사회에서 청중들의 만족을 이끌어 내기란 얼마나 어려울까?

바로 이러한 점들이 프리젠테이션을 반복적으로 연습하도록 만드는 것이다. 고객이 원하는 방향으로 물론, 기업의 가고자 하는 방향과 일치하도록 하려면 설득이라는 결과를 유도해 내야만 한다. 청중의 설득은 프리젠터가 결정하는 것이 아니라 청중의 의지와 그들의 결정에 순전히 의존할 수 밖에 없는 것이다.

그렇다면 어떻게 설득의 효과를 극대화 할 것인가?

세상에 아무리 유능한 전문 프리젠터라고 할지라도 효과의 극대화를 걱정하지 않는 전문가는 없을 것이다. 왜냐하면 설득의 효과가 바로 기업의 성공과 생존에 영향을 주기 때문이다. 물론, 프리젠테이션 하나만으로 중대한 의사결정을 하지는 않겠지만 중요한 의사결정의 요소에는 프리젠테이션에 대한 평가도 들어가는 것이 현실이다. 설득 효과에는 효과를 구성하는 두 가지 요소가 있다.

가. 설득효과의 2가지 요소

(1) 내용(contents)

프리젠테이션은 분명 기업이 가지고 있는 정보와 서비스를 정해진 시간 내에 전달한다고 하였다. 정보의 주체가 되는 내용, 즉 콘텐츠라는 것이 첫 번째 요소이다. 그러나 대부분의 기업은 이제 서로의 정보를 오픈(open)하고 있는 상황이다. 온라인이건 오프라인이건 어디서든지 우리는 기업의 기본적인 정보를 듣고 얻을 수 있는 시대이다. 이처럼 일반 정보에 대한 접근 용이성이 설득의 효과에서 내용이라는 것이 기존보다는 덜 중요하게 하고 있다. 물론, 기업 고유의 핵심역량은 여전히 가장 중요한 설득의 무기가 되고 있는 것도 사실이다. 그러나 일반적이고 객관적인 정보들은 이제 고객을 설득하는데 그리 중요한 요소는 아니다.

(2) 전달방법(skill)

이러한 현실이 우리로 하여금 설득을 위한 전달방법을 더욱 중요한 효과의 독립변수로 관심을 갖게 한다. 동일한 내용을 가지고도 서로 다른 효과의 설득지수를 나타내는 것은 바로 누가 어떻게 전달하는가? 라는 차이인 것이다.

<그림 6 - 1>은 설득효과에 대한 내용과 전달방법의 함수관계를 보여주고 있다.

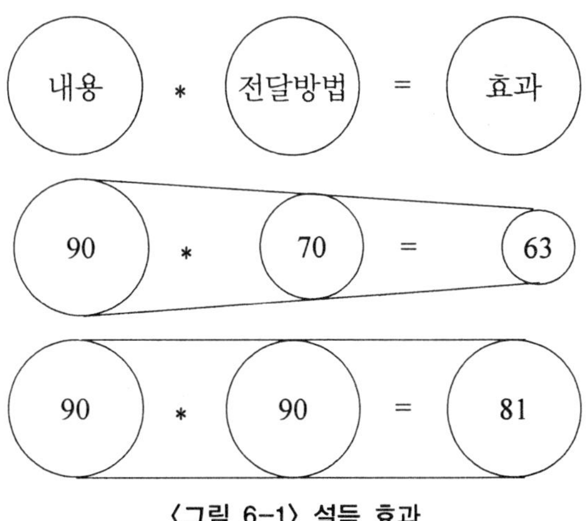

〈그림 6-1〉 설득 효과

그림에서 보는 것처럼 우리는 스스로가 갖고 있는 전문능력과 말과 글로써 자신의 의사를 효과적으로 전달할 수 있는 표현력 사이에는 커다란 차이가 있음을 알 수 있다. 이처럼 이제 프리젠테이션에서는 내용만큼이나 전달하는 방법 즉, 프리젠테이션 스킬이 얼마나 중요한 것인지를 다시 한 번 실감하게 한다.

그렇다면 전문 프리젠터는 타고나야 하는 것인가? 아님 길러지는 것인가? 누구든지 전문적인 프리젠터가 될 수 있음에도 불구하고 우리는 청중들 앞에 서게 되면 여러 가지 이유로 우물쭈물 하게 된다. 그것은 아주 당연한 일이다. 지금 프리젠테이션의 전문가일지라도 오래 전에는 역시 마찬가지로 그만의 변명이 존재했을 것이다. "나는 어떤 이유로 많은 사람 앞에서면 할 말을 잃고 머리만 긁적인다." 등등의 우리 모두의 변명이 존재할 것이다. 이제 변명하는 나의 모습을 각자가 찾아보도록 하자.

변명의 예

- 청중들 앞에 서기만 하면, 할 말을 잊어 버린다.
- 목소리가 떨려서 정확하게 표현할 수 없다.
- 청중을 쳐다보기가 두렵다.
- 경험이 없어 자신이 없다.
- 어떻게 준비해야 하는지를 모르겠다.
- 준비할 시간이 없다.
- 사투리가 심해서 공식적인 프리젠테이션에는 적합하지 못하다고 생각된다.

나의 변명

프리젠테이션을 꺼려하는 여러 가지 나의 변명을 찾아보면서 우리는 각자가 고치고 개선해야 하는 나만의 변명을 이겨내기 위해 충분한 반복적 연습이 필요할 것이다.

3. 프리젠테이션의 목적

가. 동기부여

무관심한 청중의 의욕을 환기 시키고 기대하는 행동을 받아들이게 한다. 즉, 목표 달성 / 기록도전 / 싫어하는 것을 좋아하게 하거나 / 불참에서 참여로 청중을 유도하기도 하는 것이다.

나. 정보제공

새로운 정보, 아이디어, 데이터, 사실에 대한 설명, 보고 등의 목적이 있다. 프리젠테이션을 통해 불명확한 사실에 대한 정확한 해명을 할 수 있으며 새로운 개념이나 용어에 대한 정의를 내릴 수 있다.

다. 설득

프리젠테이션을 통해서 청중 혹은 고객들의 가치관 변경(강화, 보강, 창출)을 꾀 할 수 있게 된다. 또한 청중들은 프리젠터가 의도한 행동양식의 수용(결심)을 하기도 한다.

라. 행동화

프리젠테이션은 청중에게 먼저 공감대 형성 → 새로운 행동 → 변화유도를 통해서 마음을 움직이게 하고 직접 행동을 통한 설득의 최종 단계로 유도하기도 한다.

마. 엔터테인먼트

프리젠테이션은 정해진 시간 내에 정보와 서비스 등을 전달하기도 하지만 청중에게 즐거움으로 유익함을 제공하는 엔터테인먼트도 필요하다.

제2절 프리젠테이션의 성패

1. 성공하는 프리젠테이션 / 실패하는 프리젠테이션

그렇다면 성공하는 프리젠테이션과 실패하는 프리젠테이션은 어떤 차이가 있을까? 아마도 각각의 상황요소가 존재할 것이다. 물론, 성공과 실패의 기준은 청중의 설득 효과 지수를 통해서 우리는 알 수 있을 것이다.

프리젠테이션은 고객 즉, 청중과의 커뮤니케이션 방법이라고 정의하였다. 이 과정에서 청중의 설득을 누가 얼마나 감동적으로 이끌어 냈는가는 프리젠테이션 이후 평가 차원에서 이루어지는 청중의 몫이기도 하다.

그렇다면 각자가 생각하는 프리젠테이션의 성공과 실패에 대해서 스스로 정리해 보도록 하자.

성공하는 Presentation

실패하는 Presentation

프리젠테이션의 성공과 실패는 주어진 시간 전체를 어떻게 이끌어 가느냐 보다는 '최초 3분의 승부'라고 해도 과언이 아니다. 처음 시작하는 시점에서의 프리젠테이션을 어떻게 유도할 것인가? 라는 깊은 고민과 계획이 청중들의 마음을 감동시킬 것이다. 물론, 그 느낌이 마지막 순간까지 유지될 수 있는 것이다.

그럼 우리는 최초 3분 동안 어떤 고민들을 해야 하는가?

✓ 어떤 이야기로 시작할 것인가?
✓ 집중시키기 위해서는 어떻게 해야 하는가?
✓ 주의 환기는 어떻게 할 것인가?

처음을 위한 프리젠테이션 준비가 3분 동안에 걸쳐 진행된다면 전반적인 프리젠테이션의 성공을 위해서 우리는 크게 3가지 요소를 분석하고 철저하게 준비해야만 한다. 이것은 성공적인 프리젠테이션을 위해 반드시 진행해야 하는 원칙인 것이다.

2. 3P 분석

가. 청중(people)

상대방을 잘 아는 것은 효과적인 프리젠테이션을 준비하는 첫걸음이다.

나. 목적(purpose)

왜 Presentation을 하는가?, 청중은 무슨 기대를 하고 있는가?, 청중으로부터 최종적으로 무엇을 얻고 싶은가? 등의 프리젠테이션의 명확한 목적을 사전에 분석해야 한다.

다. 장소(place)

프리젠테이션 장소, 프리젠테이션 환경, 설비의 위치 및 배치를 분석함으로 환경을 스스로 통제할 수 있도록 한다.

〈표 6-1〉 청중(people) 분석

구 분	Point
청중의 규모	• 소수일 때 : 구체적 테마, 다양한 비주얼, 자료 수시 배포 • 다수일 때 : 일반적 테마, 제한된 비주얼, 자료일괄 배포
청중의 수준	• 배 경 : 청중의 학력, 전공, 경력 • 전문가 : 충분한 데이터의 준비(설득과 반론준비) • 일반인 : 전문용어의 회피, 신변화제, 사례예시, 테마의 압축
청중의 연령	• 젊은층 : 이상주의, 혁신, 자극, 도전, 눈높이 용어, 빠른 말 • 중년층 : 실제적, 현실적, 원칙적, 논리적, 보수적, 느린 말, 정중한 태도, 존칭어의 사용
청중의 성별	• 여성 : 경험담, 사례, 감성 • 남성 : 논리성, 통계, 데이터, 이성
청중의 이해도 및 태도	• 이해도 : 주제 이해도, 이전 Presentation에 대한 반응, 긍정과 부정적 반응의 원인 • 호의적 : 공평한 대우 • 비호의적 : 균형감각, 논리성, 대립금지, 고집금지

3P 분석 중 첫 번째인 '청중 분석'은 프리젠테이션에 참가한 청중들의 수준에 따라 어떤 이야기를 하고 어떻게 접근할 것인지를 사전에 파악하는 것이다. 표에서 보는 것처럼 청중의 규모와 수준, 연령, 성별, 이해도 및 태도에 따라 프리젠테이션이 달라져야 하는 것이다. 그런 과정에서 청중과 프리젠터가 일치감을 갖게 되며 서로 하나의 공감대로 직접 참여와 관심을 갖게됨으로 프리젠테이션은 성공적으로 마무리 되는 것이다.

〈표 6-2〉 목적(purpose) 분석

Purpose	Point
동기부여	• 감정에 호소 • 목표부여, 경쟁원리, 기록도전 – 보상의 원리 • 청중과 일체감
정보제공	• 청중의 Needs를 정확히 파악 • 비쥬얼을 활용하여 요약 • 청중이 이미 알고 있는 정보와 관련성을 갖게 구성 • 반복효과의 활용 – 기억효과
설 득	• 설득의 3가지 ① 이점 : 청중이 최종적으로 얻는 이익 ② 논리 : 전달 내용의 논리성 ③ 감정 : 프리젠터와 청중간의 호의적 감정 조성
행동화	• 구체적인 이유 설명 • 진실성 • 호소력
엔터테인먼트	• 적절한 유모어의 사용 • 주제와의 관련성 • 청중의 성격에 유의

목적을 명확하게 해야만 청중의 기대와 프리젠터의 의도가 일치 할 수 있게 된다. 물론, 만족이라는 것은 언제나 기대와의 부합정도에 달려 있기 때문에 명확한 목적은 좀 더 만족을 극대화 하는 데 기여할 것이다.

〈표 6-3〉 장소(place) 분석

구 분	Check Point
소재지분석	• 회의장 명칭, 주소, 전화 • 소요시간, 교통편 : 비행기. 기차, 버스, 승용차 • 약도
환경 분석	• 수용규모, 조명, 레이아웃 • 책상, 의자 유형, 회의장 • 소음, 전망
설비분석	• Beam Projector : 고정식, 이동식 • OHP Screen : 위치, 고정식, 이동식 • 전기 콘센트 : 볼트, 위치 • 컴퓨터, 연단 - 음향시설

대부분의 프리젠터들은 프리젠테이션 회의장을 통제할 권한이 없다고 생각한다. 이것은 명백한 프리젠터의 실수이자 한정이다. 프리젠터는 프리젠테이션 장소에서 행사할 수 있는 것이면 어떤 것이든지 유리하게 사용할 줄 알아야 한다. 장소를 통제할 수 있는 능력이 많을수록 프리젠테이션 시 당황하는 일이 줄어든다는 사실을 잊어서는 안 된다.

3. 선호 프레임(frame) 및 설계

가. 의사결정자가 선호하는 프레임

결론(so what) → 근거(why so) → 방법(action plan)

기업의 의사결정자들은 두괄식의 프리젠테이션 프레임을 선호한다. 물론, 프리젠테이션이 길어지고 지루해지면 마지막 부분에서의 주장 확인도 필요한 양괄식의 병행도 좋은 방법이다.

나. 프리젠테이션의 설계

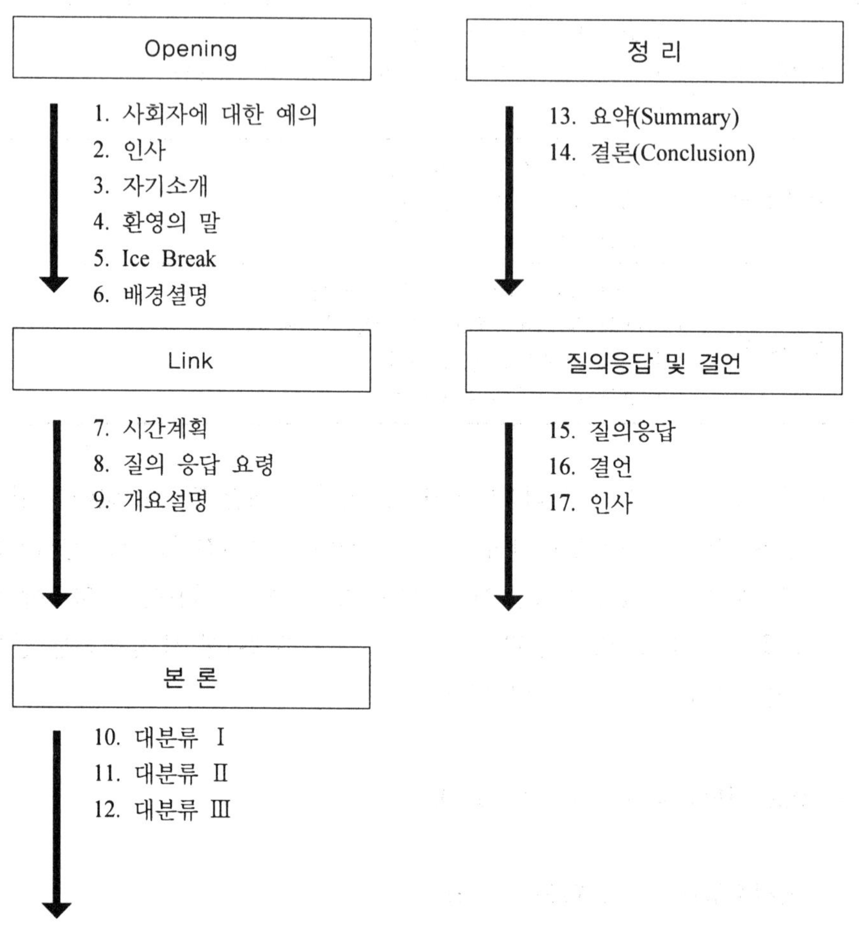

Opening
1. 사회자에 대한 예의
2. 인사
3. 자기소개
4. 환영의 말
5. Ice Break
6. 배경설명
Link
7. 시간계획
8. 질의 응답 요령
9. 개요설명
본 론
10. 대분류 Ⅰ
11. 대분류 Ⅱ
12. 대분류 Ⅲ
정 리
13. 요약(Summary)
14. 결론(Conclusion)
질의응답 및 결언
15. 질의응답
16. 결언
17. 인사

사례

"고객도 고객이지만, 직원부터 만족시켜라"

최근 기업들이 고객뿐만 아니라 자사 직원을 만족시키기 위한 행사를 잇따라 열고 있다. 신한카드는 지난 19일 미혼 직원들의 미팅 이벤트를 서울시내 호텔에서 실시했다.

'아름다운 세상으로의 초대, True Love is Credit'라는 이름으로 진행된 이번 이벤트는 결혼전문회사 선우의 주선으로 남녀 직원 32명이 참여했다. 신한카드 관계자는 "미혼 직원들의 노고에 감사하고 행복한 미래를 기원하는 마음에서 이번 행사를 기획했다"고 설명했다.

이에 앞서 신한카드는 지난해 말 기혼 가족을 대상으로 시내 호텔에서 콘서트와 마술쇼로 진행되는 '가족 초청의 밤'을 실시했다. 또 두 달에 한번 정도 직원 가족을 위한 무료 여행행사를 실시해 좋은 반응을 얻고 있다.

현대카드도 다양한 직원 만족 프로그램을 실시하고 있다. 현대카드의 대표적인 프로그램은 '글로벌 배낭여행' 한 달에 1번씩 직원 3~4명이 해외문화 탐방 제안서를 제출해 채택되면, 이에 관련된 경비를 지원해주는 프로그램이다. 업무 공백이 생기지 않도록 되도록 타부서 직원들과 팀을 짜도록 하고 최대 10일까지 '여행'이 가능하다.

또 '부부 참여 남도여행'을 상반기와 하반기 각 1회씩 실시하고 있다. 이밖에 방학을 이용해 자녀 영어캠프와 스키교실도 개최하고 있다.

현대카드 관계자는 "직원의 만족도를 높이는 것이 결국 애사심으로 이어지고 있다"며 "이 같은 프로그램이 기업의 자산이자 문화로 축적되고 있어 해마다 프로그램이 업그레이드되고 있다"고 설명했다.

출처: CBS 2007년 5월 21일

제7장 설득 프리젠테이션

제1절 커뮤니케이션의 방법

1. 시각 전달의 중요성

기본 프리젠테이션에서 공부한 것처럼 내용과 정보를 전달하고 고객을 설득시키는 커뮤니케이션 방법이 일반적인 프리젠테이션이라고 하였다. 그렇다면 이러한 과정에서 좀 더 설득력을 극대화하기 위해서 프리젠터는 어떻게 해야 하는가?

먼저, 청중들의 주목을 이끌어 내야 한다. 어떤 방식으로 청중의 집중을 유도할 수 있는가? 그것은 일반적인 텍스트(글자)방법보다는 시각적으로 보여주는 방법이 더 오랜 시간 기억나게 할 것이다.

일본의 유명한 방송 NHK 조사에 의하면 언어적인 방법과 비언어적인 방법 중 비언어적인 커뮤니케이션이 더 사람의 진짜 기분을 나타낸다고 사람들은 응답했다. 여기서 비언어적인 부분이라고 하면 얼굴 표정이라든지, 제스처, 억양 등을 포함하는 영역이다. 물론, 사람의 의사소통에서는 언어라는 강력한 무기가 있기는 하지만 비언어적인 이러한 여러 부문을 통해 그 사람의 진심을 읽을 수 있다는 것이다.

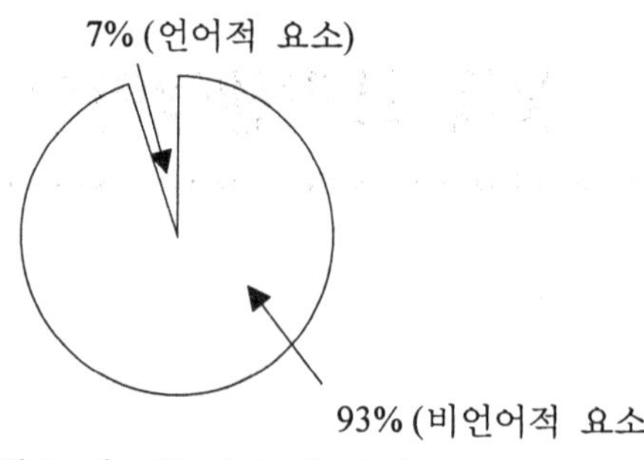

〈그림 7-1〉 커뮤니케이션 효과

당신은 언어보다 태도 쪽이 사람의 진짜 기분을 나타낸다고 생각합니까?

〈표 7-1〉 태도와 언어의 효과 〈NHK 조사〉

그렇게 생각지는 않는다 (12.9%)	그렇게 생각한다 (74.1%)	어느 편이라도 할 수 없다 (11.1%)	무응답 (1.9%)

2. 용모

밝은 미소와 산뜻한 색상의 복장, 복장과 어울리는 넥타이, 구김 없는 바지 등은 기본이며 더욱 중요한 것은 미소를 잃지 않는 여유로움이 필요하다.

3. 손 처리

프리젠테이션을 진행하면서 청중들은 프리젠터에게서 좀처럼 눈을 떼지 못하는 경우가 많다. 그 중에 프리젠터가 보여주는 여러 가지 제스처 특히 손 처리는 아주 자주 눈길이 가는 곳이다. 그러므로 부자연스러운 손 처리는 오히려 청중들에게 내용에 집중하지 못하도록 하는 빌미를 제공하기도 한다.

프리젠테이션에서 피해야 하는 손 처리는 어떤 것들이 있을까?

→ 피해야 하는 손 처리

가. 신체의 일부를 다른 부분에 접촉시켜 규칙적으로 움직이기
나. 물체를 본래 이외의 목적으로 사용하기
다. 의미 없는 동작의 되풀이
라. 앞으로 모으기
마. 뒤로 모으기
바. 주머니에 손 넣기
사. 머리에 손 얹기
아. 손과 손을 만지작거리기

이상의 손 동작과 손 처리들은 프리젠터가 뭔가 불안해 보이거나 산만한 움직임을 통해 준비되지 않거나 아직 능숙하지 못함을 스스로 드러내는 것과도 같다. 물론 이런 환경에서 청중들이 내용과 프리젠테이션에 집중하기도 어려운 상황으로 전개된다.

4. 시선 처리(eye contact)

프리젠테이션에서 손 처리만큼 중요한 제스처가 바로 눈길에 대한 시선처리이다. 서양 사람들은 진실을 이야기할 때 언제나 상대의 시선을 쳐다본다고 한다. 물론, 동양은 다르다. 너무 상대를 뚫어져라 쳐다보면 실례라고 할 정도로 민망하기도 하다. 그러나 프리젠테이션에서의 시선 처리는 청중 한 사람 한 사

람과의 호흡이라고 할 수 있다. 시선을 주고 묻고 대답하고 일체감을 갖는 이 과정이야말로 설득의 효과에서 가장 중요한 과정인 것이다. 그렇다면 이런 시선 처리가 어떤 영향을 주는지에 따라서 좋은 시선 처리인지? 그렇지 않은 시선 처리인지? 한 번쯤 확인해 볼 필요가 있다.

가. 나쁜 시선처리

Bad Eye-Contact

- 원고 단순히 읽기
- 위와, 아래만 바라보기
- 쏘아보기
- 몇 사람만 바라보기
- 청중 머리너머 바라보기

나. 좋은 시선처리

Good Eye-Contact

- 오른편 구석의 청중에게 특별관심
- 우호 그룹에게 균형된 Eye - Contact
- One Sentence One Person
- 옵서버에게도 관심 기울이기
- Look - Smile - Talk

제2절 구체적 활용

1. 5C

설득력 있는 프리젠테이션을 위해서는 비언어적인 커뮤니케이션도 중요하지만 나머지 언어적인 커뮤니케이션도 중요할 수밖에 없다. 그러기 위한 여러 요소 중 5C를 적극적으로 활용함으로 더욱 설득력을 높일 수 있을 것이다.

가. 분명하게 말하라(Be clear)

불분명 : 다양한 매체가 발달하는 현대 사회 속에서 자신의 생각을 올바르게 표현하는 기술은 자신의 몸값을 올릴 수 있을 뿐 아니라 비즈니스 성패를 위해 매우 유용하고도 필요한 능력이 아닐 수 없습니다.

분 명 : 현대 사회 속에서 자신의 생각을 올바르게 표현하는 기술은 비즈니스 성패를 위해 매우 필요한 능력이다.

나. 구체적으로 말하라(Be concrete)

구체성 결여 : 이 설비를 도입함으로써 업무 생산성이 획기적으로 향상되리라 믿습니다.

구체적 : 이 설비의 도입은 업무 생산성을 70% 정도 향상시킬 것이다.

다. 간단하게 말하라(Be concise)

복잡 : 혼미성과 복잡성을 줄이면서 간결성 및 명료성을 결합하면 청중의 이해력을 강화시킬 것입니다.

간단 : 복잡성을 줄이면서 명료성을 결합하면 청중의 이해력을 강화시킬 것입니다.

라. 일관성을 유지하라(Be consistent)

비일관성 : 회장님께서 변화를 위한 지침을 발표하였다. 이 제안은 그 문제에 대한 최종 견해를 담고 있다.

일관성 : 회장님께서 변화를 위한 지침을 발표하였다. 더 이상의 그 문제에 대한 이견은 없다.

마. 바르게 말하라(Be correct)

틀린말 : 회의에 참석해야 할 것 같은 느낌이 듭니다.

바른말 : 회의에 참석해야 한다.

2. 발표 스킬 활용

프리젠테이션이 성공하기 위해 프리젠터가 직접 구사하는 발표력, 즉 발표스킬(skill)은 상당히 중요하다. 언어적인 커뮤니케이션의 가장 중요한 부분이 발표 스킬이라고 해도 지나치지 않을 것이다.
그렇다면 어떤 발표스킬이 좋은 것인가? 또 개선해야 하는 발표 스킬은 어떤 것들이 있을까?

Good Skill

- 내용의 완벽한 숙지
- 의사보충 자료의 활용
- 의사 결정권자 중심
- 예정시간보다 조금 짧게
- 인격을 거는 자세 : 열정

Bad Skill

- 무의미한 반복어
- 전문용어의 남발
- 정지시간의 방치
- 불필요한 소리, (사전 Check 소홀)
- 부적절한 유머의 사용

프리젠터가 갖추어야 하는 좋은 발표 스킬은 첫째, 내용의 완벽한 숙지가 필요하다. 내용을 읽는다든지 내용을 보려고 고개를 파묻고 있으면 청중들의 행동을 놓칠 수 있기 때문에 일체감이 떨어진다. 둘째, 의사보충 자료를 활용하는 것이다. 물론, 좋은 교재를 통해 전달 할 수도 있으나 보충 자료가 준비되었다는 것은 청중을 위해 무언가 철저한 준비를 보여줄 수 있는 것이기 때문이다. 셋째, 의사결정자 중심의 발표 스킬이 필요하다. 수많은 청중 중에서도 제일 중요한 것은 바로 결정을 내리는 사람이기 때문에 의사결정자가 선호하는 발표 스킬이 당연히 필요한 것이다. 넷째, 예정보다는 조금 짧게 끝내는 센스가 필요하다. 명강의는 내용도 좋지만 청중을 위한 배려도 중요함을 알 수 있는 대목이다. 다섯째, 열정어린 자세가 필요하다. 아무리 좋은 내용을 전달한다고 해도 아무리 뛰어난 방향과 비전을 제시한다 해도 프리젠터의 열정이 묻어나지 않는 프리젠테이션은 가치가 떨어지며 감동도 크지 않다.

그렇다면 개선해야 하거나 우리가 성공적인 프리젠테이션을 위해 하지 말아야 하는 발표 스킬은 어떤 것이 있는가? 첫째, 무의미한 반복어를 지속적으로 사용한다든지 둘째, 전문용어의 남발로 청중들이 전혀 동의하지 못하고 싫증나도록 하는 것은 삼가야 한다. 셋째, 프리젠테이션 도중에 이야기를 잠시 동안 끊고 정지시간이 흐르도록 하는 것은 집중력을 헤치는 일이다. 넷째, 프리젠테이션 중에 불필요한 소리가 흘러나온다든지 하는 것은 사전 준비가 철저하지 못함을 객관적으로 보여주기 때문에 청중들이 좋아 할 수 없다. 마지막으로 주제와 관련 없는 부적절한 유머를 사용하는 것도 자제할 필요가 있다.

이처럼 설득력을 높이는 프리젠테이션은 언어적이든 비언어적이든 늘 청중의 눈높이에서 고민되어야 한다. 또한 좋은 발표 스킬은 청중을 더욱 빠져들게 하는 좋은 습관이며 무기가 될 수 있다.

3. 질문과 답변의 활용

프리젠테이션을 잘 마무리 하기 위해서는 전달 이후 청중들과의 일체감을 상호작용하는 시간이 중요하다. 즉, 질문과 답변을 얼마나 잘 활용하느냐가 관건이다.

성공적인 프리젠테이션을 위한 질문과 답변의 활용도 그 원칙이 있다.

가. 질문을 잘 들으면서 Eye-Contact 과 공감표시를 한다.

나. 질문의 의도와 성격을 파악한다.

✓ 견해표현 : 좋은 의견에 감사표현 / 전문가의 경우 역으로 설명을 요청하고 감사표현
✓ 추가정보요구 : 정보제공
✓ 명확한 해설 요구 : 정확하게 해설
✓ 생각 확인 : 감정적인 답변을 피할 것
✓ 튀고 싶은 질문 : 성의 있는 태도 유지

→ 의도 파악을 위한 프리젠터의 질문
"지금 하신 질문은...... 맞습니까?"
"제가 이해한 바로는 '......' 에 관심이 있으신 것 같은데 맞습니까?"

다. 질문에 대하여 칭찬을 해준다.

"좋은 질문에 감사합니다." "좋은 질문이십니다. 사실 이 질문은 우리에게 많은 생각을 하게 합니다."

라. 질문에 대하여 개인적으로 답변하지 않고, 청중 전체를 향해 답변한다.

마. 질문 손 처리 : 손바닥을 펼치면서

바. 답변이 끝난 후 : 만족 확인 후 시선 돌림

4. 행동전략

프리젠테이션 능력 향상을 위해 나에게 어떤 면이 부족하고, 이를 보완하기 위해 어떤 노력을 기울일 것인지 스스로 기록해 보자.

부족한 점

자기개발

제8장 협상과 상담

제1절 협상이란 무엇인가?

1. 협상이란?

비즈니스 관련 당사자들 간에 이해와 욕구를 절충하여 합의점을 찾아내는 과정이다. 나와 상대방의 이익이 똑같이 추구되는 것으로 상대방과 함께 내리는 공동의 의사결정을 말한다.

가. 협상의 기본요소

(1) 목표의 동일성과 상반성 공존

협상 당사자 상호 간 목표의 동일성만이 내재한다면 협상의 여지가 없는 것이다. 또한 상반성만이 존재한다면 협상은 불가능하게 된다.

(2) 공동의 만족

협상의 기본요소로 비즈니스 양 당사자는 똑같이 서로가 무엇을 얻었다는 만족감을 느껴야 한다. 그런 와중에 서로의 이익이 불균형을 잃게 되면 협상은 그 순간 깨지게 된다.

(3) 정보의 불충분성

상대방에게 관련 정보를 모두 노출시키지 않으므로, 당사자가 상대방보다 더 많은 정보를 갖고 있다는 것은 협상력의 균형에 변화를 가져 오게 한다. 협상력이라고 할 수 있는 정보는 결국 서로가 숨기고 있는 경쟁력을 바탕으로 상대에게 유효한 정보를 활용하는 순간 최고의 협상을 이루어 낼 수 있게 된다.

나. 협상의 유형

(1) 이기고 지는 상황 (Win – Lose)

협상의 당사자 간 어느 한 쪽만이 이득을 보는 상태를 말한다. 이러한 협상은 한 번으로 끝나거나 단기간의 관계만을 생각하는 협상으로 마무리되기 쉽다. 한쪽의 힘이 상대적으로 매우 강하여 다른 쪽에서 아예 협상을 포기하는 경우도 발생한다. 한쪽이 탐욕스럽거나 우둔한 경우 일어나기 쉬운 형태의 협상이다.

이 상황은 주로 수요와 공급의 법칙을 따르게 된다. 수요가 많고 공급이 적으면 강경한 입장에 서게 되고 수요가 적고 공급이 많으면 유연한 입장에 서게 된다.

한쪽 편이 이기는 이 경우, 주로 자기 입장만을 염두에 두게 되면 그 배후에 있는 당사자의 관심사는 소홀히 하게 되어 합의가 어렵게 된다. 단 한 번의 거래관계로 끝날 여지가 매우 높으며 현대 경쟁체계에서 권고하고 싶은 협상은 아니다.

(2) 모두 이기는 상황(Win – Win)

양쪽 당사자가 모두 이기는 경우이다. 현대 경영에서 이야기 하는 대다수의 win-win 전략이다. 나누어야 할 몫을 위해 문제해결과 협조관계를 서로 도모하는 방법이다. 현안의 문제가 복합적으로 얽혀 있으므로 장기적인 관점에서 공동의 이익을 추구하기도 한다.

그러나 서로가 이겼다는 생각을 갖도록 하기 위해서는 매우 높은 수준의 협상기술이 요구된다. 다음은 협상 기술의 필요조건을 알아보자.

→ 필요 조건

＊ 공동의 목적 또는 목표

- 자신감
- 협력하려는 동기와 집착
- 상호 신뢰
- 명확한 대화
- 상대방의 입장 인정

＊ 필수적 절차

- 상대방의 실제 필요와 목적을 알려는 노력을 한다.
- 자유로운 정보교환의 협조 분위기를 만든다.
- 공통점을 강조하고 차이점을 극소화한다.
- 공동이익이 되는 해결방안을 모색한다.

＊ 협상 전술

- 사람과 문제를 분리한다 : 사람에게는 관대하게, 문제는 냉철하게
- 상대방의 입장이 아니라 이해관계(관심사)를 찾는다.
- 상호이익이 되는 대안을 찾는다.
- 객관적 기준을 주장한다.

＊ 협상 준비

- 좋은 성과를 유도하기 위해서 협상 전에 체계적인 준비가 반드시 요구된다.

→ 준비 사항

- 나의 이해관계(관심사) / 상대방의 이해관계(관심사)
- 선택사항 : 상호만족 가능한 합의점
- 모두를 확신시킬 수 있는 외형적인 기준, 선례
- 대안의 모색
- 상호 관계의 검토

다. 협상의 시기

그렇다면 협상은 언제 시작하는 것이 좋은가? 상대방이 협상을 원하는 경우가 언제인지 스스로 파악할 수 있다면 좋겠지만 그것을 알아차리는 것은 여간 어려운 일이 아니다. 그렇다면 언제 협상을 시작할까?

- 상대방이 조건부 약속을 나타낸 후
- 당신에게 무엇인가(가격, 계약 등등)를 제안하였다.
- 현재 제공하는 것으로는 문제 해결이 되지 않는 것이 있다.
- 상대방이 이야기 하는 문제점이 더 이상 없는 것을 알았다.

이러한 경우 더 이상의 문제없이 우리는 협상이라는 절차를 밟게 된다. 물론, 협상 중간 중간 또다른 문제가 발생할 수도 있다.

2. 협상을 해결하는 대안

비즈니스 관련 당사자들 간에 이해와 욕구를 절충하여 합의점을 찾아내는 과정이 협상이라고 했다. 서로의 의견을 존중하고 좀 더 옳은 의사결정을 이끌어 내기 위해 우리는 어떤 협상의 대안을 만들어 낼 것인가?

바로 그 해결의 카드를 찾아내는 것이 서로에게 만족을 이끌어 내는 대안 발굴 작업이다. 그럼 어느 경우에 어떤 협상 카드를 활용할 것인가?

크게 협상의 문제에서 우리가 사용할 수 있는 카드는 4가지 정도로 구분된다. 그 네 가지는 교환, 대체, 절충, 양보로 나눈다.

가. 교환

첫 번째 카드는 고객과 내가 서로 상응하는 가치에 대해 주고 받는 것을 의미한다. 비즈니스에서는 '주고 받기'(give and take)라고 부르기도 한다. 고객과 내가 얻을 수 있는 최선의 해결책이라고 생각되어진다. 거의 모든 경우에 이 방법을 활용하게 된다.

나. 대체

두 번째 카드는 상대가 원하는 것을 주지는 않으나 그에 상응하는 비용이 적게 드는 것으로 대체하여 주는 방법이다. 물론, 고객의 니즈에 전적으로 만족시킬 수는 없으나 나름대로의 만족을 통해 협상을 이끌어내는 방법이다.

다. 절충

세 번째 카드는 상대방과 내가 모두 원하는 것의 일부만을 나누어 가지는 것이다. 물론 어느 하나가 양보하는 것이 아니라 둘 다 서로 덜 갖고 이해하는 것이다. 이 방법은 서로의 경쟁적인 협상에서 물러나 서둘러 결론을 맺고자 할 때 주로 사용되는 방법이다.

라. 양보

마지막으로 거의 마무리 단계에서 사소한 것을 해결하고 신속하게 결론짓기를 희망 할 때 사용하는 카드로 고객에게 원하는 것을 주고 나는 원하는 것을 포기하는 경우를 말한다. 물론, 내가 포기하는 것이 대세에 지장이 없을 만큼 사소한 것이라야 한다. 이 경우 내가 확실하게 상대에게 양보했음을 인지시킬 필요가 있으며 상대는 그것에 대해 속마음으로라도 고마워 할 것이며 나름대로 자기가 승리했다고 느낄 것이다.

이 외에도 더 많은 협상의 카드들이 있을 것이다. 그러나 상황마다의 차이와 견해가 다를 수 있는 바, 어느 것이 정답이라고 이야기하기에는 좀 무리가 있을 수 있다.

제2절 성공적인 상담

1. 상담의 필요성

비즈니스에서 가장 필요한 능력은 어떤 것일까? 기업에서 수많은 직원들에게 교육을 시키고 훈련을 통해 능력을 개발해 주기도 한다. 그러나 가장 중요한 것은 교육 훈련을 통해 궁극적으로 무엇을 얻고자 하는 문제를 이해하는 것이다. 결국 기업의 이윤과 매출을 창출하는 것이 궁극적인 목표라면 그 전제에는 고객의 만족이라는 것이 선행되어야 한다.

그렇다면 비즈니스에서 상담은 왜 필요할까?

충분한 정보의 교환을 통해서 상담 당사자들이 서로에게 최선의 이익이 되는 의사결정을 이루어 내도록 하기 때문에 결국 고객에게는 상담이 필요한 것이다. 결국 서로가 win-win 할 수 있는 만족스런 상담으로 어떻게 유도할 것이냐 하는 것이 상담의 과제인 것이다. 그렇다면 만족스런 상담은 어떤 상담인가? 또한 만족을 주기 위해서 어떻게 상담을 이끌어 갈 수 있을까?

가. 상담절차

(1) 상담 시작

비즈니스에서 상담의 시작은 아주 중요하다. 상담에 임하는 사람은 언제나 시작하는 처음을 중요하게 생각한다. 우리는 첫인상을 기억하듯이 상담에서의 시작은 매우 중요한 실마리이다. 처음부터 어려운 이야기를 하면 듣는 사람이 경직 될 수 있음으로 시작은 부드럽게 하도록 한다.

일상적인 이야기, 여가에 관한 이야기 등 서로가 편하게 느끼고 공감할 수 있는 이야기들을 주고받는다. 그러나 이 단계에서 간과해서는 안 되는 부분이 있다. 왜 상담을 하려고 하는지에 대한 상담자의 의지표명이다. 또한 나와의 상담이 얼마나 중요한지에 대해 명확하게 인지시켜야 하는 것이 이 단계에서 반드시 할 일이다. 상담 시작의 단계에서 얼마나 잘 그 의지를 가치 있게 전달하느냐에 따라 상담이 성공할지 실패할지 예견할 수 있게 된다.

(2) 니즈 파악을 위한 질문

상대의 마음속을 헤아리고 상담하는 것은 이미 상담이 성공적이라 해도 과언이 아니다. 그러나 고객의 욕구(needs)를 단숨에 알아차리는 일은 매우 어려운 일이다. 고객의 니즈를 이야기 할 때 우리는 주로 '블랙박스(black box)'로 표현한다.

블랙박스는 비행기의 모든 상황을 기록하는 기록 장치이다. 그것을 찾아 해결책을 찾아가는 것처럼 고객의 속마음을 알기란 어렵기 때문에 고객의 니즈를 파악하기 위해 우리는 하나하나 고객에게 질문을 던지게 된다. 바로 질문을 통해 우리는 해결의 실마리를 찾으려는 정보를 수집하는 과정인 것이다.

상담을 위한 모든 과정에서 이 과정은 가장 중요한 단계이다. 결국 고객의 정보를 수집해야만 정확한 답을 줄 수 있기 때문이다.

질문의 목표는 고객의 숨겨진 니즈를 확실하게 파악하는데 있다. 물론, 고객에게 정보를 얻어내고자 할 때 여러 가지 질문을 통해 숨겨진 니즈를 우리는 얻어낼 수 있다.

그렇다면 질문 방법은 일상의 질문 방법을 통해서 얻어 내는 것인가?

일반적으로 질문의 종류는 크게 두 가지로 구분된다.

하나는 오픈 퀘스천(open question), 나머지는 클로즈드 퀘스천(closed question)이다. 이 두 가지의 질문 방법은 적절한 상황에 맞도록 섞어서 사용이 가능하며 각각의 의미를 생각하며 활용해야 한다.

가) 오픈 질문(open question)

이 방법은 상대에게 자유롭게 이야기하도록 유도하는 질문의 방법이다. 예를 들어, 그 그림에 대해 어떻게 생각하느냐? 혹은 그 그림의 의미가 무엇이라고 생각하느냐? 등의 'How' 혹은 'What'으로 묻는 방식이다.

이러한 물음에 우리가 답을 한다고 생각해 보자. 어떻게, 무엇이라고 생각하느냐에 대한 질문에 '예', '아니오' 등으로 답을 할 수는 없다. 즉 속내를 담아 줄줄이 이야기 하도록 유도하는 질문의 형식이므로 서슴없이 자신의 의지와 의견을 쏟아낼 것이다. 그것이 바로 오픈 질문의 장점이라고 할 수 있다.

그렇다면 무조건 오픈 질문을 사용하면 좋을까? 그렇지만은 않다. 그것은 상황이 서로 다르므로 개인의 판단에 맡길 수밖에 없다.

나) 클로즈드 질문(closed question)

이 방법은 고객에게 한정적인 답변을 하도록 유도하는 것이다. '예' 혹은 '아니오'라는 두 가지 답으로 선택하도록 하는 것이다. 일명, 형사 질문법이다. 상담의 대상에게 제시한 것 중 하나를 고르게 하는 질문으로 좀 더 깊은 마음속의 속내를 파악하기에는 한계가 있다. 물론, 광범위한 답변을 잘게 구체적으로 몰고 가는 데에는 효과적이다. 그러나 이 방식의 질문은 원하는 바를 찾아가기란 너무 오랜 시간동안 질문을 던져야 하는 단점이 있다.

결국 고객의 숨겨진 니즈를 하나하나 캐내기 위해서는 두 가지 방법 모두를 활용하여 얻고자 하는 것을 찾아내는 스킬이 필요하다.

고객들은 자신의 속내를 표현하면서 은연중에 스스로의 니즈를 나타내는 표현들을 하게 된다. 즉 '나는 무엇이 필요하다' '무엇이 중요한 것 같다.' '이런 것이 제일 좋다.' 등 그만이 소유하고 있는 니즈를 표현하는 경우 우리는 놓치지 말아야 한다. 결국 질문을 통해서 우리가 얻고자 하는 것은 그가 갖고 있는 숨겨진 욕구라는 것을 언제나 인식하고 있어야 한다.

또한 질문을 통해서 정보를 얻어내는 과정에서 간단하게 묻고 답변을 정리하는 것도 중요하지만 더욱 중요한 것은 왜 그렇게 생각하는지에 대한 이유이며 표현된 것의 행간의 의미, 즉 숨겨진 의미는 무엇인지 파악하는 것이 문제를 해결하는 가장 중요한 단서가 될 수 있다.

이런 이유로 질문의 깊이와 수준에 따라 상담의 수준은 달라질 수 있다.

다) 질문 주고받기의 주의점

ㄱ) 고객의 말을 들은 후에 자기 멋대로 판단하지 않는다.

ㄴ) 각각의 니즈에 대하여 보다 심도 있는 정보를 입수할 필요가 있다.

ㄷ) 오픈 퀘스천을 너무 많이 사용하지 않는다.

ㄹ) 확인을 통해 인식의 차이를 없앤다.

ㅁ) 정보수집에는 체계적인 접근이 필요하다.

ㅂ) 해결책을 미리 생각해 두지 않는다.

(3) 설득 상담

질문을 통해 얻은 정보와 여러 정황들을 중심으로 상대가 어떤 생각을 하는지를 파악한다. 그런 후 명확하게 원하는 것을 제공함으로써 상담하는 고객이 설득당하도록 유도하는 과정이다. 이 과정에서는 니즈를 파악한 후 어떻게 하면 고객에게 확실하게 다가서는가를 고민하는 과정이다.

우리가 제공하는 것을 더욱 신뢰하도록 만들고 그것에 자부심을 느끼도록 만드는 과정이다. 결국 이러한 과정은 최종 의사결정을 우리에게 내릴 것이며 그 결정이 더 이상 흔들리지 않도록 확정해 주는 단계이다.

의사결정이 확실하다는 증거를 만들어 주는 것이 이 단계에서 아주 중요하다. 예를 들어 구두로 이야기 할 것을 객관적 데이터와 자료를 제공함으로 더욱 확실한 결정을 유도하도록 한다면 그것은 결정자의 자신감까지 유도할 수 있을 것이다.

특히 제품이나 서비스를 위한 상담을 진행한다면 그것에 대한 특징과 이점이라는 부분을 부각시키는 작업이 필요하다. 일반적으로 많은 비즈니스맨들은 상담을 진행할 때 특징을 부각시킨다. 그러나 그것은 기업의 입장을 대변할 뿐이다. 상담을 받는 고객은 이점이 더욱 중요하다. 그렇다면 특징과 이점은 어떻게 구별되는가?

〈표 8-1〉 특징과 이점

특징	이점
• 제품이 가지고 있는 고유한 속성 • 객관적 수치로 표현 • 증빙이나 자료 필요 • 신뢰성 제공	• 특징 때문에 얻게 되는 혜택 • 고객이 관심을 갖는 부분 • 구매와 결정의 직접적인 요인

특징은 제품(혹은 서비스)의 고유한 속성을 말한다. 예를 들어 MP3 플레이어의 경우를 생각해 보자. 제품의 특징은 무엇일까?

가볍다, 작고 슬림하다, 많은 곡들을 녹음 할 수 있다, 디자인이 예쁘다 등등이 MP3 플레이어의 고유한 특징들이 될 것이다.

그렇다면 그 특징들을 사람들은 100% 신뢰할까? '가볍다'는 의미는 과연 얼마나 가볍다는 것인가를 생각하게 한다. 그렇다 고객의 기준과 우리의 기준은 서로 다르다.

물론, 그 기준을 언제나 동일하게 만들어야 하는 것은 아니나 명명백백하다면 고객은 더욱 신뢰할 수 있을 것이다.

예를 들어, 가볍다는 표현을 수치화 혹은 계량화 하여 370g 으로 매우 가벼운 MP3 플레이어라고 고객에게 어필(appeal)한다면 고객은 명확하게 인지할 것이다. 이처럼 특징은 계량화와 수치화 하는 습관이 필요하다. 그것은 단지 고객의 명쾌한 신뢰를 확보하기 위해서이다.

또한 수치화 혹은 계량화 작업 이외에도 관련된 증빙 서류 혹은 참고자료(reference)를 준비하여 상담에 활용하는 방법도 신뢰를 증진시키는 좋은 방안이다. 이처럼 객관화 시키는 작업이 상담의 여기저기에 적용된다면 고객은 그야말로 믿을만하다는 평가를 과감히 하게 될 것이다.

(4) 마무리 상담

고객의 만족을 이끌어 내는 궁극적인 상담이 이제 마무리로 접어들고 있다. 상담을 진행하며 지금까지 이야기 되었던 많은 문제들이 이제는 하나씩 마무리 해야 하는 단계이다. 마무리를 하기 위해 상담자는 고객이 상담에 호의적이거나 나름의 이점에 동의를 한다든지 하는 신호를 받아야 이제 마무리로 갈 수가 있는 것이다. 상담을 마무리 하는 단계에서 다시 한 번 해야 하는 일은 설득상담에서 이야기 했던 이점을 다시 한 번 강조해 주는 일이다. 물론, 이점을 반복하여 강조함으로 상대가 의사결정을 잘 했다는 것을 다시 한 번 확인해 주는 것이다. 마무리 상담에서는 이전에 나온 여러 가지들을 정리하며 다음 회의에서 구체적으로 누가 어떤 일을 정리할 것인지를 서로 확인하는 단계이다.

2. 관심 유도

고객과의 상담을 원활하게 유지하기 위해서는 상대가 언제나 호의적이어야 한다. 그러나 상대는 긍정적이지 못한 경우가 더 많다. 상담을 위한 관심을 유도하기 위해서 필요한 것은 고객의 의견을 먼저 경청하는 것이다. 그 경청의 내용 중 반드시 우리에게 기회(opportunity)가 있다는 것을 알아야 한다. 그렇다면 그 고객은 왜 우리와의 상담을 원하지 않는 것일까?

그것은 아마도 기존의 상황들이 만족스럽거나 혹은 그로 인해 다른 필요한 것들을 느끼지 못하는 상황이라면 별 관심이 없을 것이다. 그러나 이런 상황에서도 상담을 이루어 내기 위해서는 지속적으로 명확한 기회요인을 찾아내야만 한다.

또한 원하든 그렇지 않든 지속적인 접근이 새로운 기회를 만들 수 있는 것이다. 혹은 지금의 만족을 좀 더 개선할 수 있는 여지를 찾아 권고해 준다면 그것은 또 다른 관심의 시작이 될 수 있을 것이다. 아무리 만족한다고 해도 어딘가에는 섭섭함이나 개선의 사항들이 존재하고 있을 것이기 때문이다.

이런 과정에서의 새로운 기회를 만들기 위해서 기업이 가진 특징과 이점에 대한 전반적인 제공은 더욱 필요하다. 물론 고객의 입장에서 말이다.

기회란 고객이 안고 있는 문제나 상태를 비즈니스맨이 그것을 개선하는데 도움을 줄 수 있는 상황을 말하는 것으로 고객의 상황에서 기회가 있는가 없는가를 판단하는 주체는 바로 비즈니스맨 당사자이다. 그러나 결국 니즈가 있다고 이야기 할 수 있는 사람은 고객일 뿐이다. 비즈니스맨은 고객이 니즈를 나타내는 표현을 참고로 숨겨진 니즈를 알아내야만 한다. 결국, 기회가 있는지를 판단하기 위해서는 평소에 어떻게 하고 있는지 혹은 어떤 효과가 있는지 파악하는 것이 중요하다.

3. 고객 확신 유도

상담을 진행해서 마무리 하는 동안 고객의 마음을 확신시키는 것은 아주 중요한 과정이다. 그러기 위해서는 고객 마음속에 남아 있는 상담에 관한 의심꺼리를 해결해야 한다. 의심은 상담과정에서 비즈니스맨이 계속해서 소개했던 특징과 이점에 대해서 확신을 갖지 못하고 믿지 못하면서 발생하게 되는 것이다. 또한 이러한 의심을 해결하고도 또 다른 문제들이 존재한다.

오해라든지, 혹은 불평과 같은 것들이 결국 해소되지 않으면 고객의 자기 확신은 만들어지지 않을 것이다. 이러한 여러 가지 문제들이 해결되는 순간 상담의 궁극적인 목적인 상담 고객에 대한 만족의 극대화가 이루어지는 것이다.

여러 가지 우려사항들을 확신의 요인으로 전환시키는 작업이 고객의 확신 유도에 반드시 필요한 것처럼 비즈니스맨은 상담에 대한 성공을 문제해결의 과정으로 받아들여도 좋을 것이다.

이처럼 고객들이 숨기고 있는 여러 가지 문제의 상황들을 해결하고 좀 더 일치하는 공감을 만들기 위해서는 상담의 기존과정에서 일어났던 절차를 다시 한 번 되짚어 가기를 권고한다. 숨은 니즈에 대한 파악이 완벽하지 못한 것은 그만큼 준비가 철저하지 못하였다는 것이다. 결국은 고객의 블랙박스를 찾아내지 못했다는 것으로 고객 확신을 유도하는데 상담 스킬 활용이 여전히 부족하다는 반증이라 할 수 있다.

제9장 전략적 기획

제1절 기획의 이해

1. 기획의 접근

가. 기획 혹은 계획

영어로는 Planning이 우리나라에서는 기획과 계획 두 가지로 번역되어 사용한다. 왜 같은 단어가 기획과 계획으로 번역되어 사용되며 이들의 관계는 어떤 것인가? 우선 이들 용어가 실제 어떻게 쓰이고 있는지를 사례를 들어 살펴보자. 기획팀(실), 기획위원회, 기획처, 상품기획, 프로세스 기획, 기획력, 전략기획(계획), 경영계획, 장단기계획, 판매계획, 생산계획 등이 그것이다. 이상의 예에서 볼 때 우선 기획이라 함은 행정조직과 관련되었을 때, 그리고 상품 및 프로세스의 디자인(Design)적 성격일 때 주로 쓰이고, 계획은 장단기경영계획 및 부문별 실행계획, 즉 Programming이나 Scheduling적 성격일 때 주로 사용되고 있음을 알 수 있다. 그러나 영어로는 어떤 경우도 기획 또는 계획을 Design이나 Programming, Scheduling으로 하지 않고 Planning으로 하고 있다는 것을 염두에 두어야 한다.

결론적으로 한국에서는 기획이란 말이 계획이란 말보다 광의적으로 쓰이고 있다고 본다. 기획은 행정상 조직개념, 상품 및 프로세스 기획 차원을 넘어서 경영계획 전반을 포괄하는 개념으로 쓰이는데 반해 경영계획 등 실질적인 업무와 관련되었을 경우에만 계획이란 말을 주로 사용한다.

나. 기획의 개념

기획은 어떤 일을 하기 위한 계획으로 정의된다. 여기서 중요한 단어는 일과 계획으로서 일을 하기 위한 사전 준비 작업이다. 그러므로 기획은 현재의 일과 관련된 것이 아니라 미래의 역사를 쓰는 일이다. 기획은 실제 일에 앞서 문제의 근원은 무엇인가, 문제에 관련된 정보는 어떤 것이 있는가, 문제 해결을 위해서는 어떤 방침을 세워야 하는가, 해결을 위한 구상과 구체 방안을 어떻게 정리해야 하는가 등을 살펴보는 것이다. 그러므로 기획력은 이러한 기획을 실천하는 능력을 말한다. 일본의 다카하시 마코토에 따르면 기획력은 '업무상 문제를 창조적으로 해결하기 위해 방침을 세우고, 정보를 수집하고, 구상하고, 구체화하고, 설득하고, 목표를 실현하는 전 과정을 실시하는 능력'이다.

기획은 보이지 않는 것을 보이도록 해야 하고, 불확실한 것을 보다 확실하게 해야 하며, 바라는 것이 오도록 해야 하는 것이다. 그러므로 기획은 사전에 어떤 일에 대한 구체적인 윤곽을 잡아 그 일이 순조롭게 달성될 수 있도록 하는 노력이고, 그 결과 일이 구체적으로 느껴져야 한다.

다. 기획(계획)의 필요성

기업이나 개인을 막론하고, 기획력을 높이는 것이 중요한 실천 과제가 되고 있다. 항상 새로운 기획을 시도하지 않으면 시대에 뒤떨어지고 마는 현실에서 기획력은 매우 중요하다. 기획력은 21세기 인간의 필수 능력이다.

21세기는 기획 인간의 시대다. 왜냐하면 21세기는 환경이 복잡하고 그 변화가 급변하기 때문이다. 이렇게 복잡하고 변화무쌍한 환경 가운데 미래에 되어질 일을 보다 구체화하고 사전에 수행상 문제점을 파악하고, 일을 하는 것은 매우 중요하다.

로버트 화이트(Robert N. White)에 따르면 계획의 필요성은 다음과 같다.

첫째, 모든 조직체는 그 장래를 위하여 체계적인 계획을 필요로 한다. 계획이 없다면 조직체도 추구하는 바 목표를 달성할 수가 없다.

둘째, 의사소통은 조직체의 중요한 요소다. 계획과정을 통하여 조직체의 구성원들이 미래를 예견하고 목표를 정하고 성취의 방법을 모색하는 일에 상호간에 진정한 의사소통을 기대할 수 있다.

셋째, 계획은 조직체의 자원을 다양한 활동에 할당하도록 하는 타당한 근거를 제공한다. 어떤 조직체도 무한정의 자원을 소유하지 않으므로 치밀한 계획에 의해서만 자원은 효과적으로 활용될 것이다.

넷째, 계획은 프로그램과 개인의 노력이 조직체의 목표를 지향하는지를 확인하기 위하여 그 결과를 측정하고 통제하는 기초가 된다. 이렇게 볼 때 기획은 정해진 목표를 달성하기 위해서 그 목표를 프로그래밍함에 의해 사전에 조직체의 자원을 적절히 배분하고 실행하여 체계적으로 달성할 수 있도록 하고 또한 실행한 후에 평가의 기준이 되기 때문에 필요하다고 할 수 있다.

라. 기획(계획)의 과정

첫째, 계획과정은 목표에 근거한 것이므로 계획에 앞서 명백하고 구체적이며 현실적인 목표(goal)가 설정되어야 한다.
둘째, 계획은 소비가 아니라 투자임을 알아야 한다.
셋째, 계획은 주기적으로 평가에 근거하여 재조정되어야 한다.
넷째, 목표 달성을 위하여 목표지향적인 행동을 해야 한다.
다섯째, 행동이 일어날 때에 접근할수록 계획은 더 구체화되어야 한다.
여섯째, 계획 과정에 각 부서의 최대한의 참여를 요청해야 한다.
일곱째, 조직 내부와 외부의 상황을 조사하고 분석한 후에 필요를 구체적으로 충족시키도록 계획해야 한다.
여덟째, 계획 과정에 필요한 자원을 적절히 공급해야 한다.
아홉째, 예기치 않은 환경의 변화에 융통성을 발휘해야 한다.

이상에서 보듯이 계획은 목표(goal)설정에서부터 시작하여 행동에 가까울수록 목표는 세부목표(objective)로 구체화되고, 실행한 후에는 평가하여 수정하는 일련의 순환과정을 통해 이루어지고 있음을 알 수 있다. 이러한 계획은 시간 낭비가 아니라 목표 달성을 더 용이하게 하는 미래에 대한 투자라는 인식

전환이 필요하다.

또 혹자는 기획을 목표설정 - 전망 분석 - 문제성 점검 - 가능성점검, 프로젝트(기획안) 만들기 - 시행안 작성 등의 일련의 과정을 거치면서 이루어지는 것으로 보았는데 역시 목표설정을 기획의 출발점으로 본 것이다.

이러한 과정에서 기획은 문제의식을 갖고 문제를 명확하게 하는 것이 중요하다. 왜냐하면 문제의식은 상상력을 발휘하게 하여 효과적으로 이상(vision)에 대한 구체적인 해결책을 찾게 하기 때문이다. 그래야만 목표의 관점에서 그 문제를 보게 되며 그 문제에 대한 접근을 생각할 수 있다. 그러나 더 이상적인 것은 일어날 수 있는 문제를 미리 예측해서 곤란한 상황을 미연에 방지하고 새로운 기회를 만들어 내는 대응력을 갖추는 것이다. 이렇게 볼 때 기획은 단순히 미래를 예측하여 실행계획을 수립하는 차원이 아니라 미래에 일어날 상황을 주도면밀히 분석하여 대비하는 예방적 차원이 더 가치 있는 기획이라는 것을 알 수 있다.

이러한 계획을 하기 위해서는 긴 투자 안목과 더불어 과학적인 분석 및 창의적인 생각이 필요하다. 특히 변화하는 환경에서는 더욱 그러하다.

2. 환경변화와 기획

가. 전략적 기획의 과정

짐 콜린스(Jim Collins)와 윌리엄 레지어(William C. Lazier)는 변화하는 환경 가운데 전략적인 측면에서 기획을 살펴보았다.

그들은 위대한 기업을 다음을 같은 네 가지 측면에서 정의하였다. 성과(Performance), 영향력(Impact), 명성(Reputation), 그리고 지속성(Longevity)이 그것이다.

즉 위대한 기업은 효율적인 운영을 통해 수익을 창출해야 한다. 또한 경영자와 기업사주가 설정한 여타의 목표를 달성하는 실적을 올려야 한다. 동종 업계의 발전을 위한 리더십을 발휘해야 하는 것은 물론 외부 사람들에게도 칭찬을 받고 그 가치를 인정받아야 함과 동시에 이러한 것이 오래도록, 적어도 100년을 유지되도록 해야 한다.

요컨대 이러한 위대한 기업은 저절로 탄생되는 것이 아니라 <그림9 - 1>에서 보는 바와 같이 훌륭한 리더십과 비전, 전략, 혁신, 그리고 탁월한 전술에 의해 만들어진다는 것이다.

그러므로 콜린스와 레지어는 기획의 출발을 리더십으로 보고 효과적인 리더십에 의해 비전(핵심가치와 믿음, 목적, 그리고 사명)이 창출된다고 본 것이다. 그리고 이것에 따라 전략과 혁신, 그리고 탁월한 전술이 결정된다는 것이다.

그런데 콜린스와 레지어가 이해하는 효과적인 리더십은 리더십의 기능과 스타일로 구성된다.

리더십의 기능은 전 직원이 공유하고 실천하는 명확하고도 압도적인 비전을 촉진하는 것이다. 또 리더십의 스타일은 능률적인 리더십 스타일의 7가지 요소(모든 스타일에 공통된다)와 개개인의 성격 특성(개인마다 고유하다)으로 구성되는데 그 7가지 요소는 참됨(Authenticity), 단호함(Decisiveness), 집중력(Focus), 대인관계(Pesonal touch), 강하면서도 부드럽게 사람을 다루는 기술(Hard/Soft people skills), 의사소통(Communication), 진취성(Ever forward) 등이다.

그러므로 효과적인 리더십은 조직체의 비전을 촉진하고 그 비전을 달성할 수 있도록 영향을 주는 능력으로서 개인의 특성에 따라 스타일이 다르게 나타난다고 볼 수 있다.

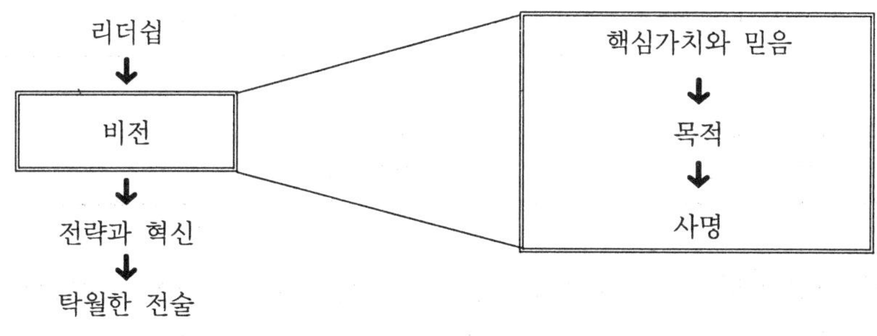

〈그림 9-1〉 위대한 기업요소

그러나 이러한 콜린스와 레지어의 리더십 이해는 최고경영자 입장에서 조직체에 확실한 비전을 제시해 준다는 점에서는 유익하지만 중간경영자 혹은 종업원 입장에서는 그들이 비전을 창출하는 것이 아니라 최고경영자에 의해 제시된 비전에 따라 전략기획을 수립하고 실행한다는 점에서 이들의 리더십을 전략경영기획 수립 내지 실행 측면과 관련해서 다루는 것이 그들에게 더 실감있게 느껴질 것이다.

나. 리더십과 경영

피터 드러커는 리더십이 올바르게 일을 하게 하는 것(to do the right things)인 반면, 경영은 일을 올바르게 하는 것(to do the things right)이라고 하였다. 그러므로 리더십은 비판과 판단이 요구되는 유효성(effectiveness)에 초점을 두는 반면 경영은 방법과 절차를 중시하는 효율성(efficiency)을 강조한다고 했다. 이런 관점에서 볼 때 리더십은 사람들이 목표를 달성하기 위하여 서로 협력할 수 있도록 영향을 미치는 능력이며, 경영은 역시 조직체의 목표를 성취하기 위하여 그 구성원들의 노력을 계획, 조직, 지도 및 통제하며 또한 조직체의 모든 다른 자원을 활용해 나가는 과정인 것이다. 그러므로 최고경영자가 아닌 상황에서 리더십은 과업과 관련하는 편이 더 낫다.

〈표 9-1〉 리더십과 경영

리더십	경영
• 올바른 일을 하게 하는 것 • 유효성(effectiveness)에 초점 • 사람들의 협력 유도	• 일을 올바르게 하는 것 • 효율성(efficiency)에 초점 • 계획, 지도, 통제

그런데 진정한 리더십은 추종자들과의 관계 속에서 평가되어야 한다는 주장도 있다. 리더십에는 리드하는 것(leadership)과 따르는 것(followship)이 함께 포함되어 있다. 그러므로 리더십은 실행 면에서 볼 때 리더의 입장에서만 보아서는 안 되며 추종자 입장에서도 고려해야 하는 것이다.

이러한 입장을 고려하면 리더십을 기획의 출발로 보지 않고 비전을 기획의 출발로 보고 리더십과 관련 하여는 전략경영기획과 장단기경영계획의 실행을 다루기도 한다. 전략경영기획 측면에서 볼 때 비전은 전략적 전술적 결정의 기초가 되며, 실행에 있어서는 조직원의 팀워크와 참여를 야기 시키는 장점이 있다. 특히 변화하는 환경에서 비전은 조직의 나아갈 방향을 제시하는 결정적 역할을 한다. 따라서 경영비전을 전략경영기획의 출발로 볼 수 있으며 경영기획은 경영비전에서 시작하여 경영전략, 그리고 장단기경영계획 및 실행을 포함하는 넓은 전략경영기획 개념으로 볼 수 있다.

제2절 전략적 기획과정

1. 전략 수립과정

기업에서 우리는 많은 업무를 진행한다. 특히 사회 초년병 시절에는 주로 선배가 시키는 일을 위주로 처리하는 것이 현실이다. 그러나 시간이 지나면서 스스로가 아이디어를 가지고 일을 만들고 생각하는 경우가 발생하게 된다. 하지만 그것은 어쩌면 우리가 신입이라는 명함을 벗어날 수 있는 기회일지도 모른다. 자기의 생각과 숨겨진 능력을 한껏 발휘할 수 있는 유일한 기회가 될 수 있기 때문이다. 그렇다면 주어진 주제에 대한 전략적 기획을 어떻게 접근하고 만들어 가는 것이 좋을까?

평소에 많은 시간을 아이디어에 그리고 회사의 비전(vision)에 투자했다면 좀 더 용이하게 기획을 만들어 낼 수 있을 것이다. 하지만 낯설고 아직은 익숙하지 않은 시간을 보내던 초년병들의 입장에서는 새로운 기획을 만들어 내기란 여간 어려운 일이 아니다.

전략적 기획을 수립하는 것에도 그 방법이 존재하며 원칙이 있다. 수없이 많은 기업과 선배들이 실시해 온 그 과정을 점검해 보도록 한다.

먼저, 전략이라는 큰 과제를 수립하기 위해 우리는 회사의 전반적인 부분을 이해하는데 많은 시간을 투자해야 한다. 물론, 자신의 시각도 중요하나 더 폭넓은 시각으로 회사 전체를 바라보는 관점을 키우는 것이 필요하다.

그렇게 전체 회사 상황을 이해하고 난 후 왜 사업부별 하위 목표 그리고 각 팀별로의 역할과 임무들을 한 번 생각(review)해 볼 필요도 있다.

그것은 단지 정해진 목표를 파악하고 넘어가는 차원이 아닌 그 조직이 가지고 있는 역량과 주어진 목표 사이의 관계내지는 할당의 의미를 고려해 볼 필요가 있다.

예를 들어, A사업부가 하는 역할과 목표로 하는 시장에서의 역량 파악 등은 향후 전략적 기획 혹은 계획을 접근하는데 그 기준이 되기 때문이다. 왜 매출액을 많이 혹은 적게 할당하는 것인가? 그 근거는 무엇인가? 경쟁사와의 비교를 통해 얼마나 경쟁력을 갖추고 있는가? 등등을 파악한 후 기준에 맞는 전략을 기획한다면 그야말로 최적의 기획이 만들어 질 것이다. 이처럼 전략을 기획하는 일은 단순한 작업이 아니다. 그렇기 때문에 기획팀이나 관련부서에는 더 핵심적인 인물들이 일하고 있는지도 모른다.

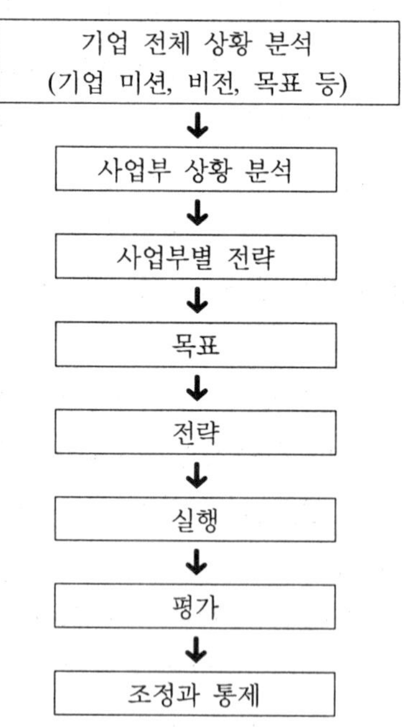

〈그림 9-2〉 전략적 planning 과정

전략적 기획을 위해서는 위의 그림처럼 절차가 존재한다. 물론, 경험이 풍부하고 뛰어난 기획가들은 이러한 과정이 체득되어 있을 것이다. 그러나 사회 초년병들 혹은 기획 업무를 자주 하지 않는 사람들은 특정 주제에 대해 새로운 기획안을 만들어 낸다는 것이 쉬운 일은 아니다. 물론 잘 해내는 왕도는 열심히 반복적인 연습을 해야 하는 것이다.

2. 전략적 기획 요인

가. 미션과 비전

미션은 기업이 무슨 일을 하며 존재 하느냐에 대한 답변과도 같다. 예를 들어, 우리는 도대체 누구이며, 우리 고객은 누군지 파악하는 것이다. 또한 기업의 경영철학은 무엇인지, 우리의 경쟁력은 무엇인지 등 기업 스스로 무슨 일을 하며 왜 존재하는지 파악하는 것이다.

이러한 미션은 너무 광범위해도 달성하려 하지 않으며, 너무 협소하면 비전을 제한 할 수 있게 된다. 미션은 또한 구성원들이 스스로 안정된 판단을 할 수 있을 만큼 나무 자주 수정해서는 안 된다. 그러나 항상 고정되어 있어서도 안 되는 것이다. 미션은 기업의 능력에 맞지 않을 때 상황에 맞도록 변화, 수정 가능해야 한다.

반면 비전은 기업이 지향하는 바가 무엇인지를 나타내는 것이다. 그 지향하는 무엇을 달성하기 위해 기업은 수없이 많은 목표와 전략을 만들어 기획하고 실행하는 일들을 매일매일 하는 것이다.

나. 기업(전체) 전략과 사업부 전략

기업의 전사적 목표를 달성하기 위해 미션에 근거한 자원을 통합하거나 혹은 자원을 원활하게 관리한다.

사업부별 전략은 각각의 사업부에서 일어나는 자원과 기능별 역할을 잘 조합하고 정리하여 원하는 방향으로 잘 갈 수 있도록 관리하는 전략이다. 물론 전사기업 전략과 동일한 방향으로 갈 수 있도록 늘 중심을 기업 전략에 두어야 하며 하부 전략과도 유기적으로 움직일 수 있도록 조절해야 한다.

특히, 상황분석에서는 내부분석, 외부분석, 고객분석(경쟁사 포함)을 철저하고 객관적으로 접근해야 한다. 물론. 이러한 상황 분석이후 그 결과를 정리하기 위해서 SWOT(strength, weakness, opportunity, threat)분석을 실시한다. 이 분석을 통해 각 기업은 기업 내부 환경으로부터의 현재 강점과 약점 그리고 외부 상황에서의 위기와 기회 요인을 파악할 수 있게 된다.

다. 목표

모든 기능은 목표 달성에 부합되어야 한다. 각각의 목표는 단순하고(simple) 명확(clear)해야 한다. 또한 목표가 달성되기 위해서는 최고 경영층이 원하는 것들을 종업원 모두가 이해하고 공유할 수 있어야 하며 공유를 통해 당위성에 대한 스스로의 책임까지도 유발할 수 있어야 한다. 또한 목표는 언제나 평가 측정이 가능해야 한다.

라. 전략

목표를 달성하기 위해 조직 내 활용 가능한 자원과 여러 환경들을 어떻게 운용할 것인지를 수립하는 것을 말한다. 전략을 만들어 내기 위해서는 하위에 전술이라는 것들을 구체화시켜야만 전략의 탄탄한 구성을 이룰 수 있게 된다. 사업부의 전략은 결국 각 팀들의 전술과 상위부서의 전략의 총합으로 이루어져 달성 될 수 있는 것이다.

마. 실행

전략의 실행은 지금까지 만들어진 기획안을 가지고 조직 내 시장과 조직 외부의 시장 주체들이 직접 프로그램을 실행하여 목표에 접근하는 일이다.(조직 내부 : 종업원, 매니저, 실행자, 조직 외부 : 고객, 공급자, 투자자 등)

바. 평가와 조정

전반적인 전략 기획의 단계에서 평가와 조정 단계는 가장 중요한 단계라 할 수 있다. 이 단계의 목표는 기업이 가고자 하는 원하는 목표에 맞도록 계획 활동이 어떻게 잘 가고 있는지 확인하는 단계이다. 물론 잘못 진행되고 있다면 조정 기능을 해 내며 그러기 위해서는 원활한 커뮤니케이션을 유지하는 것이 중요하다. 또한 전반적인 의사결정이 상위 경영층에만 몰려 있는 것이 아니라 일선에 있는 매니저에게도 고객과 조직의 이익을 위해서는 언제든지 의사결정할 수 있어야 한다.

3. 좋은 기획(planning)

가. 좋은 기획은 이렇게 하라

(1) 이해가 쉬워야 한다.
(2) 유연해야 한다.
(3) 다른 기능의 계획들과 잘 조화를 이루어야 한다.
(4) 논리적이어야 한다.
(5) 지속적인 수정을 하라.
(6) 창의적으로 만들라.
(7) 상식적으로 판단하라.
(8) 실행을 생각하고 정기적으로 업그레이드(upgrade)하라.

나. 전략 기획의 목적과 특징

(1) 현재와 미래의 상황을 설명할 수 있다.
(2) 예상되는 결과를 명백하게 말할 수 있다.
(3) 어떤 행동이 일어날 지 예상 가능하다.
(4) 필요한 자원(resource)을 알 수 있다.

(5) 결과에 대한 모니터링을 할 수 있다.

좋은 기획이 되기 위해서 수많은 요건들이 필요한 것은 사실이다. 그러나 기업의 환경이 모두 다르고 그들이 처한 산업의 특성이 천차만별이므로 결국 중요한 것은 해당 기업이 어떤 위치에서 어떤 전략과 전술을 가지고 경쟁력을 만들 것인가 하는 각자의 방향 설정이 중요한 것이다. 특히 상황을 분석하는 시점에서도 그저 분석의 수치로 모든 것을 판단하는 것이 아니라 해결책을 찾아야 한다는 출발을 가지고 기획안을 수립해야 한다. 또한 실행 가능한 기획이어야 함으로 기업이 현실적으로 예산과 비용에 맞추어 당장 실시 가능한지에 대해서도 미리 계산해야 한다.

특히, 고객을 분석할 때는 구체적으로 6하 원칙에 의거하여 분석해야 한다.

우리의 현재 고객은 누구인가? 혹은 잠재고객은 누구인가? 등의 인구통계학적인 요소를 중심으로 명확한 경쟁자를 파악하는 일이 중요하다. 또한 과연 우리 기업의 제품을 누가 구매하는지, 구매자들 성향의 특징은 무엇인지, 구매 의사결정에 영향을 미치는 사람은 누구인지 등 실제적인 구매와 명목적 구매를 조종하는 고객의 차이를 알아내는 일도 중요하다. 또한 기업의 고객이 제품을 얼마나 구매하며, 소비 이후 제품을 통해 무엇을 하는지, 고객들의 심리적 행동적 원인은 무엇인지 등을 파악하는 것도 고객 분석에서는 아주 중요하다고 할 수 있다.

이처럼 좋은 기획을 만들어 내기 위해서 해야 하는 일은 너무나도 즐비하다. 아주 간단하고 짧은 시간에 좋은 기획안이 나올 수 없는 이유가 있는 것이다. 또한 기업 내부에서 일어나는 요소들의 파악으로 전반적인 방향을 제시할 수 없는 이유도 있다. 예를 들어 기술변화에 대한 반응과 기업 제품을 만드는데 기술변화는 어떤 영향을 주는지, 향후 기술변화가 기업 제품을 위협하고 있지는 않은지도 실시간 파악하고 있어야 한다. 기술의 변화, 뿐만 아니라 사회 문화적 추세 또한 영향을 준다. 사회의 인구통계적, 가치의 변화와 기업과 제품에 대한 사회의 일반적 자세는 어떠한지, 사회적, 윤리적 issue는 무엇인지 등등도 기업으로 하여금 좀 더 신속한 아이디어를 제공하도록 하며 더 나아가 앞선 기획을 위해 언제든 파악해야 하는 영향 요인으로 남아 있는 것이다.

사례

교회 다니시면 죽집을, 초보주부는 커피를

창업도 '궁합' 맞춰보세요

<u>'내 코드에 맞는 업종' 찾아야 성공합니다.</u>

죽 전문점 창업자 중에는 유달리 기독교도가 많다. 술을 팔지 않고 늦은 시간까지 영업 하지 않아도 된다는 점이 특정 종교인에게 인기를 얻는 것.

에스프레소 카페나 샌드위치 카페는 초보주부들의 창업이 특히 많다. 예쁘고 깔끔하고 업무가 단순하다는 특징이 중산층 30 · 40대 주부들에게 어필했기 때문. 중가형 샤부샤부 전문점이나 유기농 전문점 점주 중에는 화이트 칼라 출신들이 많다.

창업 업종에도 궁합이 필요하다. 업종별로 창업자의 성격과 조건, 전직의 경험 등이 어우러져 성공 창업이 결정되는 경우가 많다. 적게는 2~3년 많게는 10년 이상 특정 분야의 직장생활은 근무형태와 경험을 통해 개인의 역량은 물론 심지어는 성격이나 삶의 방식까지 영향을 미치기 때문이다.

외식업체는 관리직 출신이 좋은 성과

삼겹살 전문점을 운영하는 구진희(39 · 떡쌈시대 광주상무점)씨는 건설업체 7년의 관리 파트 경력자다. 건설업체에서 인력 관리를 한 경험을 살려 인건비는 높지만 이직률을 낮추기 위해 직원들을 정직원으로 채용했다. 일괄적인 서비스와 안면을 익힌 단골 확보를 위해서였다. 경험이 많은 평균 40대 연령의 직원을 채용해 안정적이고 고객들의 요구에 대응할 수 있는 직원 관리를 하고 있다. 직원들을 '삼촌'이나 '이모' 등으로 부르는 단골 고객들이 많다. 구씨의 월 평균 매출은 6000만 원 선으로 본사는 가맹점 전체 평균 매출 4500만원보다 무려 1500만원이나 높다. 구씨의 가맹 본사는 구씨를 비롯한 관리직 출신이 약 40%를 차지하고 있다.

소고기 전문점 아지매의 경우 전체 가맹점 중 대기업 출신자를 포함, 기업체 관리직 출신자가 15%정도 차지하고 있다. 이들은 자영업 등 타직종 출신 가맹점들의 월평균 매출 3300만원보다 평균 매출이 약 500만원 높은 3800만 원 선이다.

저가형 삼겹살 전문점인 돈데이는 전체 250여 개 매장 중 15%를 차지하는 기업체 영업관리 직종출신이 본사의 가맹점 전체 평균 매출3600만원을 웃도는 4000만원의 실적을 보이고 있다.

서비스 업종은 영업직 출신이 유리

실내 환경 개선 업종은 욕실리폼사업이나 건물위생관리, 실내유해물질제거업 등이 있다. 이들 업종은 건축 · 인테리어 · 대리점 · 보험 등 영업직 출신들이 유리하다. 매장을 찾아오는 고객들을 상대하는 것이 아닌 찾아가는 적극적인 신규 거래처 개척 영업이 주된 업무이기 때문이다.

대구에서 6년간 보험 영업을 경험한 최현탁(35 · 웰코트코리아 대구달서점)씨는 실내 유해물질제거업 대리점을 운영하며 월 평균 매출 1500만원, 월평균 수익 600만~700만원을 올리고 있다. 꾸준한 방문 관리로 고객과의 높은 신뢰를 형성하여 계약을 이끌어 내는 것이 보험 영업이다. 최씨는 보험사 시절 고객과의 상담 경험을 바탕으로 신규로 입주하는 사무실 및 아파트 입주자 모임 등을 통해 공동구매 형식의 시공 건을 수주하고 있다. 최씨의 본사는 영업직 출신의 창업 사례 비중이 전체 가맹점 중 30%를 차지한다. 전체 가맹점 평균 매출은 1000만원인데 영업직 출신의 평균 매출은 1500만 원 선이다.

주점 관련 업종은 자영업 출신

주점업종은 오후에 문을 열어 새벽까지 영업을 하는 경우가 많아 일반 직장인 출신들이 운영하기에는 체력적으로 많은 무리가 따른다. 주점 창업의 경우 기존의 자영업에서 아이템 전환을 하는 사례가 많은 것도 그 이유다.

자연 냉각방식의 크림생맥주 전문점인 플젠의 경우도 카페 · 주점 · 기타 대리점 등 자영업에서 업종 전환한 사례가 50%를 넘고 있다. 업종 전환 점주들은 자신들의 고객 및 매장 관리 경험을 바탕으로 월평균 매출 4000만 원 이상을 올리고 있다.

출처: 조선일보 2007년 7월 16일

제10장 문제해결

제1절 솔루션 비즈니스

고객과 회사가 함께 이익을 얻는 Win-Win 파트너십을 구축하기 위해서는 비즈니스 스타일도 Win-Win 파트너십 만들기를 목표로 하지 않으면 안 된다. 종래의 비즈니스에 혁신을 일으키는 것은 "솔루션 비즈니스"이외에는 없다고 해도 과언이 아니다.

솔루션 비즈니스란 고객의 비즈니스 상의 과제에 대해서 복합적이고 창조적인 해결책을, 자사의 총력을 기울여 필요하다면 제휴기업 또는 경쟁기업과 함께 스피디하게 제공하고 고객의 로열티를 장기간으로 유지하는 비즈니스를 말한다.

1. 숨겨진 니즈

Win-Win 파트너십은 상호간에 이익을 주는 관계이다. 고객이 바라는 것은 비즈니스 성공이다. 성공하는 비즈니스는 단순히 상품 영업에 연연하는 것이 아니고 고객의 전략적 니즈를 충족시켜 주는 비즈니스이다.

예를 들어, 노트북 도입을 희망하고 있는 고객기업이 있다고 하자. 그 고객은 처리속도가 빠른 제품을 필요로 하고 있다. 과거의 일반적인 비즈니스맨은 "그럼 저희 회사의 새로운 기종은 어떠십니까?" 라고 CPU성능이 높은 상품의 특징을 설명해 상담을 성공시켜왔다.

이것은 어디까지나 표면화된 기본 니즈에만 대응한 상품 제시 일뿐, 고객의 비즈니스를 성공시킨다는 관점이나 파트너십 구축의 요소는 희박하다. 솔루션 비즈니스는 "노트북을 도입하고 싶다"라는 상품상의 기본 니즈를 만들어 낸 전략적 니즈를 파악하는 것이 대전제이다. 이러한 생각이 "니즈 이면의 니즈"이고, 가장 중요시 되는 니즈이다.

즉, '노트북을 도입하고 싶다'는 기본 니즈의 이면에는 '영업활동의 질을 향상시키고 싶다'고 하는 보다 상위의 니즈가 있다. 나아가 이 니즈의 이면에는 '경쟁사와의 차별화'라는 고객의 전략적 니즈가 존재한다. 이 고객의 진짜 니즈는 '노트북을 도입하는 것이 아니라 시장에서 경쟁우위에 선다' 는 전략적 니즈인 것이다.

이에 비해 어떤 해결책을 제공할 것인가를 생각하는 것이 솔루션 비즈니스이다. 이 경우 비즈니스맨의 행동은 첫째, 고객기업의 영업활동을 원점으로 되돌려 다시 검토해서 과제를 발견하고, 둘째, 그것에 근거해서 인트라넷과 현업의 영업활동을 링크시킨 데이터베이스의 구축을 제안하고, 셋째, 적절한 Software를 탑재한 노트북을 납품한다는 흐름이 된다. 경우에 따라서는 타사와 제휴하거나, 필요하다면 경쟁제품을 사다가 시스템의 재구축이나 확장을 제안하는 경우도 있을 것이다.

전략적 니즈에 있어서 솔루션 비즈니스는 기본 니즈에 있어서 상품영업과 비교하면 다음과 같은 점이 다르다.

* 고객의 경영전략상의 과제나 니즈에 초점을 맞추기 위해서, 고객의 비즈니스 성공을 이끌어내기 위한 어프로치를 한다.
* 제안하는 해결책은 단순한 상품이 아니라 복합적 · 창조적인 해결책이다.
* 그 결과 고객에게 단순한 업자로서가 아니라 비즈니스 파트너로서의 평가를 얻을 수 있다.

〈표 10-1〉 이면 니즈 파악을 위한 솔루션 비즈니스

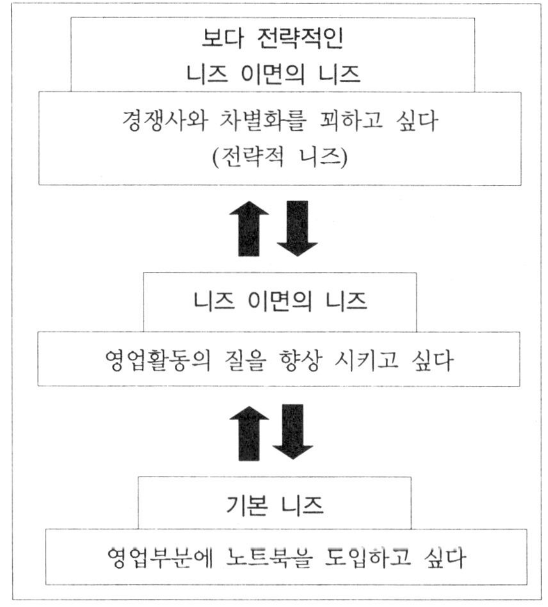

솔루션 비즈니스

복합적 · 창조적
해결책의 제공

상 품 영 업

특정제품 · 서비스의 제공

이것들을 실현하기 위해서 비즈니스맨은 “고객의 고객”이 누구인지, “고객의 경쟁자”는 누구인지를 파악함과 동시에, 고객의 실적 추이나 타사의 움직임, 업계동향 등도 알아두어야 한다. 또한, 사내 타 부문과 제휴하여 조직 전체가 고객의 과제해결에 임할 필요도 있다.

나아가, 고객의 진짜 니즈를 찾아내기 위해서는 고객의 시스템 경제성을 파악하는 것도 유효한 방법이다. 시스템 경제성에는 제품이나 서비스를 위해서 지불되는 총액에 덧붙여 그것들을 이용 · 보관 · 처분하기 위한 비용, 나아가 전 프로세스를 통해서 필요한 수고에 대한 비용 등이 포함된다. 이것들을 파악함으로써 새로운 비즈니스 방법을 전개할 수 있는 가능성이 확대된다.

이와 같은 비즈니스 방법이 바로 솔루션 비즈니스이다. 상품의 구입은 고객에게 있어 가장 기본적인 니즈에 지나지 않는다. 고객은 비즈니스상의 과제를 안고 있고, 진짜 니즈는 그런 과제 안에 있다. 그것을 만족시키기 위해서는 다양한 방향에서의 어프로치로 자사의 지식이나 기술 · 노하우를 활용하고, 시의적절하게 행동할 것이 요구된다.

2. 해결책의 제안

오늘날 고객은 '어떤 거래 기업도 동일한 제안을 한다'라고 느끼고 있다. 제안형 비즈니스를 주장하고는 있지만 고객의 입장에서 보면 같은 제안을 여러 번 듣고 있는 상황인 것이다.

고객은 비즈니스 상의 복잡한 과제에 대한 최적의 제안, 게다가 자신도 알아차리지 못하는 오리지널 제안을 거래처로부터 바라고 있다. 어디에나 널려 있는 것이 아니라, 경쟁사는 모방 할 수 없는 창조적인 제안에 고객을 끌어들여 경쟁우위를 확립해야 한다. 이러한 창조적인 제안은 비즈니스맨 혼자서 만들어 낼 수 있는 것이 아니다. 조직 전체가 여기에 역량을 집중해야 한다.

솔루션 비즈니스란 고객의 과제에 대해 복합적이고 창조적인 해결책(솔루션)을 자사가 총력을 기울여 스피디하게 제공하는 비즈니스이다. 고객의 전략적인 과제에 대한 해결책을 제시하고, 고객의 비즈니스를 성공으로 이끌고, 결과로서 자사도 이익을 올린다. 그것이 장기간에 걸쳐 고객 로열티를 유지하는 것이 되고, Win-Win 파트너십으로 이어지는 것이다.

3. 컨설팅 비즈니스와 솔루션 비즈니스

컨설팅 비즈니스라는 말이 사용된 지는 오래되었지만, 근본적으로는 솔루션 비즈니스도 제안형이라는 의미로는 같은 카테고리에 들어간다.

그러나 솔루션 비즈니스는 막연히 컨설팅을 한다기보다는 오히려 명확한 과제에 대한 명확한 해결책의 제시라는 의미로, 보다 정밀한 개념이다. 고객의 비즈니스를 성공시키기 위해서 컨설팅의 자세로 솔루션을 제공하는 비즈니스라고 말할 수 있을 것이다.

지금 IT업계에서는 솔루션 비즈니스를 당연시 여기고 있는데, 그 외의 업종에서 솔루션 비즈니스로의 전환에 성공한 기업 중 하나로 A식품회사가 있다.

A사의 주력 제품인 포테이토는 기름을 사용한 상품이다. 그렇기 때문에 메이커로서는 신선도 관리가 중요했다. 한편 고객인 소매점 측에서는 '적절한 납품으로 점포 재고를 확보해, 영업기회 손실을 최소한으로 억제하고 싶다' 는

니즈가 있었다.

이러한 니즈에 부응하기 위해서 A사는 지역대응의 조직 체제를 갖추고, 고객 정보전달의 스피드 극대화를 목표로 했다. 또한 팀 체제에 의한 정보제공과 고객대응으로 비즈니스맨 전체의 능력 업그레이드를 도모함과 동시에 의식개혁을 실시했다.

지역담당 비즈니스맨은 담당 소매점에서의 상품 진열이나 회전 상황, 촉진효과 등의 데이터를 수집해 고객 니즈를 살폈다. 그것에 근거 · Key 어카운트 세일즈라고 불려지는 비즈니스맨이 고객기업(가게 · 체인점 본부)에게 소비자 · 지역 환경의 구매 분석결과를 근거로 해서 전략적인 비즈니스 촉진책을 제안했다. 팀에 의한 비즈니스 활동 실천은 신속한 고객대응으로 이어졌다. 그리고 고객의 과제에 대한 해결책의 입안 · 실행도 고객과 협동해서 실행할 수 있게 되었다.

이렇게 해서 고객기업과 상호정보를 제공 · 공유하고, '고객의 고객'에 해당하는 소비자까지 간파한 문제해결을 함으로써 파트너로서 강력한 신뢰관계를 구축할 수 있었다. 물론 그곳에 생산 · 물류 · 영업이 종합된 유통시스템이 구축되어 있는 것은 말할 필요도 없다.

이 사례는 종래의 비즈니스 활동에서 고객의 명확한 과제를 해결하는 솔루션 비즈니스로 전환한 좋은 예라고 할 수 있다. 고객과 자사가 목표를 공유하고, 쌍방의 업적을 향상시킨다고 하는 파트너십을 중시한 비즈니스 활동이다.

제2절 왜 솔루션 영업인가?

그럼 왜 지금 솔루션 영업인가. 이전부터 특정 업계에서는 필요성이 주장되어 왔지만, 다시 주목된 이유를 고객의 관점에서 생각해 보자.

1. 고객의 변화

고객은 변화하고 있다. 변화를 정리해 보면, 다음 네 가지로 분류할 수 있다.

첫째, 고객은 "지식이 풍부"해졌다.

지금은 고객이 아주 손쉽게 상품이나 서비스 및 그 주변정보를 입수할 수 있는 시대이다. 또한 다운사이징이나 수평조직화에 의해서 권한이양이 이루어지고, 전문성을 지닌 인재도 늘어나고 있다. 이에 따라 고객들은 갈수록 지식이 풍부해지고, 상품의 선택 안목도 높아지게 된 것이다.

둘째, 고객은 "보다 분석적"이 되었다.

최근 들어 기업의 방침·전략과, 상품·서비스의 구입에 관한 의사결정이 상호 연동되고 있다. 고객기업은 자기 회사의 자원을 최대한으로 활용하기 위해 갈수록 신중한 선택을 하고 있다. 특히 고액의 복잡한 상품을 구입할 때의 의사결정은 영업하는 기업의 강점·약점 등을 철저하게 분석한 뒤에 이루어진다.

셋째, 고객은 "보다 엄한 요구"를 하고 있다.

고객도 우리들과 마찬가지로 갈수록 치열한 시장경쟁 속에서 보다 적은 자원으로 보다 효율적·효과적인 경영을 요구 받고 있다. 당연히 가치 있는 투자를 하기 위해 진지하다. 그 결과 고객은 지금까지보다 더 가격·품질·서비스 등의 면에서 엄격한 요구를 하게 된 것이다.

넷째, 고객은 "정보를 보다 많이 제공"해 준다.

고객은 비즈니스 하는 쪽에 엄한 요구를 원함과 동시에 많은 정보도 제공해주게 되었다. 왜냐하면 최고의 의사결정을 하기 위해서 비즈니스 하는 쪽도 많은 것을 알고 전략이나 니즈에 적합한 제안을 해주었으면 하고 바라기 때문이다.

2. 경쟁우위를 위한 솔루션 비즈니스

오늘날 비즈니스맨에게는 다음과 같은 고도의 지식이 요구되고 있다.

가. 고객의 업계, 회사 및 경영전략에 관한 종합적인 지식

나. 비즈니스맨 자신의 회사 및 경쟁 상품이나 서비스에 관한 깊은 지식

다. 경쟁, 매니지먼트 일반에 관한 이해

고객의 비즈니스에 대한 전체 바람을 이해하고 솔루션 비즈니스를 전개하기 위해서는 이와 같은 요구에 부응해야 한다. 오늘날의 고객은 스스로가 전략적인 과제를 잘 이해하고 있고, 그 해결을 거래처 비즈니스맨이 도와주길 바라고

있다. 그러나 기초가 될 정보가 없으면 해결책은 도출 될 수 없다. 그래서 고객기업은 스스로가 정보를 거래처의 비즈니스맨에게 많이 제공하고 있다.

상품이나 서비스를 제공하는 기업과 고객기업이 상호간의 정보를 충분히 지니고 있다면 보다 좋은 해결책을 산출해 낼 수 있고, 장기적인 신뢰관계가 성립된다. 어떤 이유로든 이 관계가 끊어지면 기업의 매출이 떨어지게 되지만, 동시에 이는 고객에게도 큰 단점이 된다. 다른 기업의 비즈니스맨에게 상황을 처음부터 설명하지 않으면 안 되기 때문이다.

훌륭한 Win-Win 파트너십 아래에서는 One to One을 전제로 하는 상호 학습관계가 구축되고, 그것은 라이벌을 저지하는 강력한 벽으로 작용한다. Win-Win 파트너십의 붕괴가 고객에게도 리스크가 되는 이상, 상호간에 깊은 신뢰감을 갖고, 강한 파트너십을 맺는다면 고객은 비즈니스 기업과의 관계를 그렇게 간단히 끊지는 않을 것이다.

또한 과제라고 하는 것이 한번 해결되었다고 해서 또 다시 발생하지 않는 것은 아니다. 단계에 걸쳐 지속적으로 발생한다. 보다 전략적인 과제에 대해 그 때 그 때 최적의 해결책을 제공해 간다면 고객과의 관계는 더욱 강화된다. 과제가 복잡하게 되면 될수록 제공된 해결책의 의의는 커지고, 기대에 부응함으로써 얻어지는 만족도도 높아진다. 고도의 니즈, 고도의 기대에 대한 만족의 축적은 필연적으로 비즈니스 규모를 확대하고, 비즈니스 기업의 이익도 증대 시킨다. 그리고 경쟁사가 비집고 들어올 여지가 없는 절대적인 우위성의 구축으로 이어질 것이다.

3. 솔루션 비즈니스의 진행

가. 추진 4단계

제 1단계는 신뢰관계의 기반 만들기 단계이다.

여기에서는 우선고객의 비즈니스의 전체를 이해하고, 고객의 과제를 추출한다. 환경은 늘 변화하고 있어 고객자신이 알지 못했던 과제도 있을 것이다. 다양한 정보를 통해 고객에게 무엇이 과제인가를 생각해 활동을 하게 된다.

다음은 신뢰관계의 구축 단계이다.

제 1단계에서 세운 가설을 바탕으로 고객과 함께 과제를 검토하고 그 의향을 확인한다. 즉, 비즈니스의 기회를 검증하는 것이다. 또한 과제를 공유해서 비즈니스 기회의 명확화를 통해 합의를 얻는다.

제 3단계는 신뢰관계의 강화 단계이다.

자기 조직의 능력을 충분히 분석하고 고객의 과제에 어떤 해결책을 제안할 수 있는지 검토한다. 또한 창조적이고 복합적인 해결책을 제안할 수 있다면 신뢰관계는 강해질 것이다.

그리고 마지막 단계가 장기적인 신뢰관계의 구축이다.

여기에서 중요한 것은 중장기의 전략 시나리오를 입안하는 것이다. 그리고 사내, 외의 자원을 충분히 활용해 조직 모두가 고객과의 Win-Win 파트너십 확립을 향해서 그 시나리오를 실행한다.

나. 솔루션 비즈니스 활동을 위한 4가지 요소

실제로 솔루션 비즈니스를 추진해 가기 위해서는 종래의 활동을 대폭적으로 변혁할 필요가 있다. 솔루션 비즈니스 4단계를 제대로 추진하기 위해서는 다음의 4가지가 필수적이다.

(1) 비즈니스맨의 의식개혁
(2) 가설입안・검증형 활동의 도입
(3) 고객가치 창조형 활동으로의 변혁
(4) 고객과의 관계 만들기를 기초로 한 종합적인 전략 시나리오의 구축

우선 첫째 요소는 비즈니스맨의 의식개혁이 필요하다.

한 사람 한 사람의 비즈니스맨은 자기 부문을 둘러싼 환경변화와 그에 대응한 새로운 비즈니스 활동의 방향성을 깊게 인식해야 한다. 그리고 새로운 비즈니스 활동을 실행하기 위해서 스스로가 어떤 역할을 수행해야 하는 가를 이해해야 한다. 왜 지금 솔루션 비즈니스인가를 비즈니스맨이 이해하고 있지 않는

한, 아무리 방법론을 열거해도 변화는 기대할 수 없다.

둘째 요소는 가설입안 · 검증형 활동의 도입이다.

고객을 이해하는 것은 솔루션 비즈니스의 출발점이다. "고객의 고객"은 어떤 요구를 지니고 있는가, "고객의 경쟁상황"의 움직임은 어떠한가, 또는 고객의 경영전략과 미션은 무엇인가 등을 파악함으로써 우선 고객의 비즈니스의 전체를 이해해야 한다.

다음은 고객이 지향하는 자세와 그에 동반될 중요과제에 대해서 가설을 세워 고객에게 확인해서 공유화를 도모한다. 여기에서는 자사의 상황으로 판단하는 것이 아니라 고객이 처한 상황을 고객의 시점에서 파악하고 이해하는 것이 중요하다.

그렇게 함에 따라서 "고객의 시장은 현재 어떻게 변화하고 있는가", "그 중에서 고객은 왜 이런 경영목표를 갖게 되었는가", "고객목표와 현상과의 갭(gap)에서 보여지는 비즈니스 상의 과제는 무엇인가", "그 과제를 해결하면 고객의 비즈니스는 어떤 효과를 가져 오는가?" 등을 알 수 있다.

세 번째 요소는 고객가치 창조형 활동으로의 변혁이다.

가설로 세워진 고객의 중요과제를 해결하기 위해서는 그 과제를 다양한 분야로 구체적 분류를 한다.

예를 들어, 어떤 고객이 지향하는 모습이 가치 창조형 기업으로의 변신, 그에 대한 중요과제를 철저한 고객지향 체질로의 변혁이라고 정했다고 하자.

이 과제를 고객기업의 조직구조나 서비스 체계, 인재육성 등의 개별분야의 과제로 세분화하는 것이다. 이 때, 조직구조에서 '수평조직으로의 변혁'이라는 과제가 도출되었다면 '수평조직으로의 변혁'을 위해서 필요한 과제는 무엇인지를 하부 차원으로 분류해 나간다. 그리고 각각의 항목에 우선순위를 매긴다.

다음은 세분화된 각각의 과제에 대해 자사의 조직역량, 상품, 서비스를 분류하고 고객에게 제안할 수 있는 가치를 체계화한다. 나아가 자사의 강점 · 약점을 분석한 뒤, 고객이 안고 있는 과제에 대해서 제안할 수 있는 복합적 · 창조적인 해결책을 이끌어 낸다.

변혁의 요소 네 번째는 고객과의 관계 만들기를 기초로 한 종합적인 전략 시나리오의 구축이다.

전략 시나리오의 작성은 고객과 자사의 상황이나 자사의 경쟁분석과 같은 현상을 이해한 뒤에 우선 목표를 작성한다. 이것은 예를 들어 자사가 지닌 종합적인 고객만족(CS) 향상 지원의 노하우를 통해 ㅇㅇ사가 지향하는 가치 창조형 기업으로의 변혁에 공헌함으로써 파트너십 관계를 구축한다는 최종 도달 목표를 말로 표현한 것이다.

이 목표를 향해서 고객과의 관계 만들기의 시점에서 중장기매출목표를 설정해 기본방침을 정한다. 그리고 단계별로 설정한 실시 내용과 방법을 명확화해서 상세한 계획을 세워 진도관리 포인트를 정해 리뷰하면서 실행한다.

이것은 단기실적 중심의 고객공략 발상이 아니라, 장기적인 시점에서 고객과의 관계 만들기를 지향해야 한다는 것을 의미한다.

4. 문제해결을 위한 5가지 전략

비즈니스맨은 고객과의 상호작용 과정과 경쟁 관계 상황에서 자사의 수주전략을 구체화하여 효과적인 비즈니스 활동을 해야 한다. 이에 대한 중요한 체크 포인트로서 항상 염두에 두어야 할 문제 해결의 5가지 주요 요소가 있다.

가. 어떻게 이길 것인가?

Winning 전략 주요 요소		Winning 전략 분석
고객사명 / 제안 건명		
제안	제안내용	
	제안전략	
평가	평가방법	
	대응전략	
경쟁	경쟁사 주요전략	
	경쟁사 배제 전략	

커버리지	고객사 주요 담당자	
	고객사 핵심 인물	
	유대 관계 형성	
	커버리지 플랜	

나. 무엇이 Winning 포인트인가?

포인트 비교 요소		자사 및 경쟁사 분석
자 사	우월성 / 우수성	
	경쟁사와의 차별화 포인트	
	강점	
	약점	
	약점에 대한 극복 전략	
경쟁사	우월성 / 우수성	
	자사와의 차별화 포인트	
	강점	
	강점에 대한 극복 전략	
	약점	
	약점에 대한 공격 전략	

다. 효과적인 비즈니스 접근 방법과 전략은 무엇인가?

고객사의 주무 담당자별, 부서장 및 경영진별 효과적인 접근방법과 전략은 무엇인가를 체크해야 한다. 고객사는 일반적으로 실무자층, 관리자층, 경영자층으로 계층화 되어 있는데 각각은 사안별, 업무별로 위임 및 결정권한이 달라진다. 이에 대한 업무 처리 흐름도와 의사결정 체계를 파악하여 담당자별, 계층별 주무 담당자와 핵심 인물에게 효과적인 접근과 유대관계를 형성한다. 그런 뒤 자사 제품과 솔루션의 명확한 셀링 포인트, 즉 장점, 강점, 유리한 점, 부가

가치, 비교 경쟁 우위성, 차별화 포인트를 알리고 설명하고 설득해서 수용되도록 한다.

라. 문제점과 이슈 등을 어떻게 극복할 것인가?

비즈니스 과정 및 수주 활동 과정에서 언제든 예기치 못한 문제점이나 장애물이 발생할 수 있다. 이런 것들이 수주 가능성에 악영향을 주지 않도록 잘 관리되어야 한다. 이를 무시하거나 제대로 해결하지 않으면 상황이 심각해질 수 있다. 따라서 항상 수주 가능성과 연계된 문제나 장애사항을 적극적이고 효과적인 방법으로 해결하고 고객이 수긍이 가도록 말끔하게 처리한다. 비즈니스맨은 무슨 문제든 반드시 해결방법이 있다는 것을 염두에 둘 필요가 있다.

마. 어떻게 하면 비즈니스 상황을 조기에 완결시킬 것인가?

비즈니스 및 수주 상황은 여러 단계와 과정을 거쳐서 막바지에 다다르면 클로징(closing, 영업마감, 계약요청) 단계가 오게 된다. 이 단계에서 긴장의 고삐를 늦추고 클로징이 늦어지면 여러 가지 예기치 않은 돌발 변수가 발생하여 지금까지의 길고 힘든 노력과 과정들이 한 순간에 물거품이 되는 경우가 있다. 따라서 비즈니스맨은 과정의 막바지에는 좀 더 노력을 배가하여 고객사로 하여금 가급적 조속하게 계약을 할 수 있도록 적극적으로 요청할 필요가 있다. 마무리가 명백한 이유 없이 지체되거나 길어지면 사고(상황전복, 새로운 경쟁사 출현, 결정적인 방해자 출현, 고객사의 변심, 계획 무산 등)가 발생하는 경우가 많기 때문이다.

그렇다면 고객의 마음을 사로잡고 문제를 해결할 수 있는 상담은 어떻게 접근해야 하는가? 적절한 상담을 위한 과정(process)이 필요할 것이다. 이 장에서는 간단한 절차만을 소개하고 구체적인 것은 또 다른 상담 능력을 다루는 장에서 공부하도록 한다.

〈표 10-2〉 문제 해결을 위한 상담단계

프로세스	접근	촉진	거절처리	마무리	사후관리
심리단계	주의 → 관심	연상 → 욕망	비교	확신 → 행동	만족

사례

社內 인력시장 "절 데려 가세요"
현대카드 · 캐피탈 국내외 첫 시도

상황1. 영업부 김 대리는 사내(社內) 인력 시장에 자신을 '매물(賣物)'로 내놨다. "마케팅이나 광고 · 홍보 업무를 해보고 싶습니다. 저를 데려가 주십시오." 김 대리의 치밀한 기획력을 아는 카드마케팅 본부장과 홍보실장이 '김 대리를 데려오겠다.'고 나섰다. 김 대리는 고민 끝에 마케팅팀을 택했다. 그는 신용카드 마케팅을 담당할 예정이다.

상황2. 홍보팀은 사내 인력 시장에 '해외홍보 인재 구함' 공고를 냈다. "영어와 중국어에 능한 사람을 원합니다." 곧바로 4명의 직원이 지원, 경합 끝에 인력개발팀 이 대리가 낙점됐다. 이 대리는 "지난 3년간 중국어와 영어 학원을 다니며 준비를 했다"고 말했다.

현대카드 · 캐피탈에서 실제 벌어질 수 있는 일들이다. 이 회사는 16일부터 팀장급 미만 전 사원을 대상으로 '커리어마켓(Career Market)' 이라는 인력 시장을 도입하기로 했다. 프로야구 선수 시장과 유사한 이 시스템은 철저히 시장 원리에 입각한 인사제도라는 점에서 국내뿐 아니라 세계적으로도 최초라고 회사 측은 밝혔다.

선례 없는 시도

현대카드 · 캐피탈이 온라인상에 구축한 커리어마켓은 '오픈커리어 존(Open Career Zone)'과 '잡 포스팅 존(Job Posting Zone)'으로 나뉜다. 오픈커리어 존은 다른 부서로 옮기고 싶은 직원들이 자신을 등록하고 '마케팅'하는 공간이다. 각 부서장들은 이곳을 들여다보며 필요한 인재가 있는지 살펴본다.

반대로 잡 포스팅 존은 각 부서가 '이런 인재가 필요하다'고 공모(公募)하는 곳이다. 한 부서에 2년 이상 근무한 사람은 누구나 지원 가능하다. '선(先)전출, 후

(後)충원'의 원칙이 적용돼, 옮기겠다고 손든 직원은 부서장이 막을 수 없다. 손장익 경영지원 실장은 그러나 "지원자가 아무리 많아도 수준 미달이면 뽑지 않고 회사 밖에서 영입할 것"이라고 말했다.

이는 프로스포츠의 FA(자유계약) 선수들이 소속팀을 찾아가는 방식과 비슷하다. 한국 프로야구의 경우 한 팀에서 9년 이상 뛴 선수들은 자신의 희망에 따라 자유계약시장에 나와 옮겨갈 구단을 자유롭게 찾을 수 있다.

사내 공모는 외국 기업에서 흔히 찾아볼 수 있다. 하지만 현대카드・캐피탈처럼 직원이 자신을 매물로 내놓는 제도는 알려진 게 없다. 최성원 인사기획팀장은 "아무리 찾아봐도 참고할 선례(先例)가 없었다. 우리가 세계 최초일 것"이라고 말했다.

'보이지 않는 손'의 신념

현대카드・캐피탈은 '시장(市場)'의 효율성을 인사에 도입한다는 목표 아래 이 같은 '인사혁명'에 나섰다. 정태영 사장은 "경영진과 인사담당부서가 사람을 배치하는 '중앙집권적' 인사 방식으로는 직원 개개인의 잠재력을 계발하고 발휘하게 하는 데 한계가 있다"고 말했다. 아무리 훌륭한 '계획경제'도 '시장경제'를 따라갈 수는 없다는 얘기다.

커리어마켓은 회사가 인력 계발・수급・배치 등의 계획을 세우지 않아도 시장의 '보이지 않는 손'이 알아서 문제를 해결해 준다는 신념에 기초한다. 이력 선발이 공개적으로 이뤄지기 때문에 '말 많고 탈 많던' 인사에 대한 불신도 사라질 것으로 회사 측은 기대한다.

인사부서의 역할은 크게 줄어들게 되지만, 대신 인사평가 부담은 늘어나게 됐다. 시장에 상품(인력)에 대한 투명한 정보를 공급해줘야 하기 때문이다.

자기 상품성을 높여야

비슷한 시도는 몇 곳 있었다. 지난해 증권선물 거래소는 전 직원의 50%를 자기 희망에 따라 전환 배치했으나, 1회에 그쳤다. 실(失)이 적지 않다는 판단 때문이었다.

보험회사 코리안리는 1998년부터 5년마다 무조건 다른 부서로 옮겨가는 순환보직제를 운영하고 있다. 하지만 인사부서가 개인의 희망과 경력, 부서장 의견 등을 고려해 '위에서'발령을 내는 방식이어서 인사부서가 개입하지 않는 커리어마켓과 다르다.

현대카드 · 캐피탈의 '시장주의적 인사 실험'이 성공을 거둘지는 미지수다. 직장인들이 '회사에 알아서 해주는' 인사에 익숙해져 있기 때문이다. 현대카드 사원 이모(31)씨는 "끊임없이 자기 상품성을 높여야 한다는 게 피곤하게 느껴진다."고 말했다. 벌써부터 외국어학원 등록이나 자격증 취득을 준비하는 직원들이 늘고 있다고 회사 측은 전했다.

각 부서장들도 고민이다. 다른 부서로 가려는 직원을 막을 수가 없기 때문이다. 이로 인해 일부 인기 부서에 사람이 몰리고, 비인기 부서에는 사람이 빠지는 양극화 현상이나 이부서 저부서 돌아다니다 결국 제자리를 찾지 못하는 '낙오자'가 나타날 수 있다.

하지만 손장익 실장은 "(부작용은) 시장원리에 적응하는 과정을 통해 금세 해소될 것"이라고 낙관했다.

한 부서 2년 이상 근무 땐 옮기려는 부서 지원 가능
개인 잠재능력 발휘 효과 스스로가 상품성 높여야

기존 인사시스템과 커리어 마켓의 차이점

구분 인사 주기	전통적 인사시스템 정기적	커리어 마켓 수시
인사 배치	• 회사 주도, 수동적 • 경영자와 인사 담당 부서가 인물 적성과 능력을 판단	• 개인이 주도, 능동적 • 수요 · 공급에 따라 시장 기능이 판단
사내 인력 개발	• 회사의 경영 계획에 따라 인사 담당 부서가 계획안을 마련 • 유망 인력을 선별해 교육 투자	• 부서별로 중 · 장기 인력 운영 계획 • 사내 커리어 마켓의 수요 · 공급을 보고 개인이 각자의 능력 개발전략을 수립
능력 평가	인사 고과(업적 평가)에 의존	업적 평가 외에도 개인이 자신의 능력을 마케팅 할 수 있음
인사의 투명성	비공개 밀실(密室)인사로 인한 불투명성 상존	인사 과정과 인력 선발이 공개적으로 이뤄짐

출처: 조선일보 2007년 7월 16일

제11장 고객관리

제1절 고객관계관리(CRM)의 이해

1. CRM의 정의

CRM(customer relationship management)이란 고객 관계 관리를 의미한다. CRM은 "고객에 대한 정확한 이해를 바탕으로 고객이 원하는 제품과 서비스를 지속적으로 제공함으로써 고객을 오래 유지시키고 결과적으로 고객의 평생가치(life time value, LTV)를 극대화하여 수익성을 높일 수 있는 통합된 프로세스" 로 정의할 수 있다.

여기서 고객의 평생가치란 "고객이 특정회사의 제품이나 서비스를 구매하였을 때부터 마지막으로 구매할 것이라고 판단되는 시점까지의 예상 누적매출 또는 누적이익"이라 할 수 있다. 따라서 고객의 평생가치 극대화란 고객이 평생 동안 경쟁사의 제품 또는 서비스를 구매하지 않고 자사의 것만을 구매할 수 있도록 하는 것을 의미한다. 이를 위해서는 진정한 가치를 주는 고객은 누구인가, 고객이 어떤 특징을 가지고 있는가, 고객이 진정 원하는 것이 무엇인가 등 고객에 대한 올바른 이해가 선행되어야 한다. 이러한 이해를 바탕으로 고객이 원하는 제품과 서비스를 제공하고 고객에 따라 차별화 된 마케팅 전략을 구사하는 등 적절한 대응 전략을 수립하여 실행함으로써 고객과의 관계를 지속적으로 강화해 나가야 한다.

CRM은 이렇듯 고객과의 관계를 긴밀히 유지함으로써 새로운 고객을 획득하고, 이탈고객을 최소화하며, 기존 고객을 좀 더 우량 고객으로 변화시키는 것을 목적으로 한다. CRM을 도입했다고 하는 많은 업체들을 보면 CRM의 개념에 대해 잘못 이해하는 경우가 종종 있다. 이는 외부의 컨설팅업체나 IT업체가 자신의 영업적인 측면을 강조하여 설명하다 보니 생긴 오해라 볼 수 있다. 데이터베이스나 데이터웨어하우스 업체는"기업 내외의 고객 데이터를 추출하여 고객 DB를 구축하는 것이 CRM의 거의 전부이다"라고 말한다.

데이터마이닝 업체의 경우는 "데이터마이닝 도구를 사용해 고객의 특성을 분석하는 것"이라고 말한다. 또한 CTI(computer telephony integration) 업체는 "CTI에 마케팅 기술을 결합한 것으로 가장 중요한 요소는 고객 접점관리이다" 라고 강조한다. 그러나 CRM은 고객, 정보, 사내 프로세스, 전략, 조직 등 경영 전반에 걸친 관리체계이며, 이를 정보기술이 뒷받침하는 것으로 보아야 할 것이다. 기업의 입장에서 새 고객을 이끌어 유치하는 것은 기존 고객을 보유하는 것 보다 10배나 더 많은 비용을 초래하기 때문에 항상 보다 높은 고객 만족도 및 보다 좋은 서비스를 제공해서 기존 고객을 붙잡아 두는 것이 기업 입장에서는 이익이다. 그렇게 함으로써 고객들은 보다 저렴한 비용으로 기업의 서비스를 이용 할 수 있는 것이다. 이러한 목적을 달성하기 위해 기업은 고객관계를 좀 더 효율적으로 관리, 유지 할 필요가 있다. 그렇기 때문에 기업에는 고객관계마케팅이 필요한 것이다.

기업의 입장에서 CRM이란 앞에서 이야기를 했듯이 고객 관계 관리를 말하는 것으로, 선별된 고객으로부터 수익을 창출하고 장기적인 고객관계를 가능케 함으로써 보다 높은 이익을 창출할 수 있는 솔루션을 말한다. 즉, 고객과 관련된 기업의 자료를 분석, 통합하여 고객 특성에 기초한 마케팅 활동을 계획하고, 지원하며, 평가하는 과정을 말하는 것이다.

이러한 CRM은 기업에만 필요한 것이 아니다. 산업 전반에 걸친 모든 분야에 확대 해석 할 수 있는 것이 바로 CRM이다. 우리의 일상생활에서부터 사업가에 이르기까지 많은 분야에 적용을 할 수 있다. 하지만 대상은 달라도 공통 원칙이 있다. 고객에 대한 많은 정보를 얻어 분석하고, 분석한 자료를 바탕으로 어떻게 할 것인지 미래에 대해 목표를 결정하고, 목표를 수행하기 위한 계획 전략을 세우고, 세운 계획 전략대로 행동하는 것이다.

CRM은 많은 분야에 적용 할 수 있고 이제 CRM의 활용은 기업의 경쟁력이라 해도 지나치지 않을 것이다.

2. CRM 전략의 개념

가. 고객욕구와 CRM

고객의 욕구(needs)와 사이버 공간의 고객접점 확대로 기업은 고객의 욕구 자체에 대한 형상화를 만들어야 하는데 이는 개개인의 고객이 왜, 어떤 방법으로 상품과 서비스를 구매하고 있는지에 대한 통합적인 이해가 필요하다. 이는 소비와 구매 상황과 형태의 통합적 이해이다.

고객의 직접적인 욕구를 실현하는 방법은

(1) 욕구를 고객의 소비상황과 맞도록 통합적으로 이해하고 유형화 한다.

(2) 직접적인 고객접촉으로 고객과의 양방향화 및 일대일화, 고객 관점으로의 전환으로 구매전의 자극보다는 사용 후 만족감에 의해 형성될 수 있다.

나. 기업변화와 CRM

이전 기업의 마케팅이라 하면 대중을 상대로 일률적인 행동을 펼쳐 효율을 유도하고 배분하는 매스 마케팅시대이었다. 1980년대는 고객의 세분화로 판매자의 관점으로 전환된 시기로 영업부문의 강화와 유통망의 수직 통합, 생산과 판매의 결합이 유행하던 시기로 시장에 보다 가까이 접근하는 'market-In' 시대였다.

80년대 후반 이후는 'market-Out'의 방식이 제시되었고 이는 고객의 입장에서 이해를 대변하는 에이전트라는 개념이 출현된 시기이다. 이는 더욱 세밀하고 더욱 상세하게 고객의 욕구를 판단하고 분석하여 좀 더 능숙하게 대응하고자 하는 것이다.

기업 모델이 점차 개별고객별 에이전트로 변화되면서 고객을 보는 단위는 집단으로서의 고객이 아닌 개개인의 고객이며, 시장이 아니라 개개인 고객의 구매활동과 의사를 대행하는 형태로 변화해 왔다. 기업은 자사의 위치를 그렇게 설정하고 개별고객의 에이전트 역할을 하게 된 것이다. 또한, 애매한 욕구를 형상화하고 구체적인 표적으로 만든다.

CRM 전략의 두 가지 커다란 주제는 확대된 가상공간의 고객 구매 활동 중에서 어떻게 고객의 애매한 요구를 찾아내 형상화 하는가와 뒤범벅이 된 고객을 어떤 식으로 파악하고 엄격히 가려 내어 자원을 배분해 가느냐 하는 문제이다. 이를 위해 첫째, 최적의 정보기술을 활용한 6가지 에이전트 가치의 제공 둘째, 기존 고객 정보자원을 활용한 직접적인 세분화의 실행이 필요하다.

(1) 여섯 가지 에이전트 가치

ㄱ. 고객화(customization)

고객화(customization)는 고객의 기호와 소비 행태를 기억하여 상품과 서비스를 요구에 맞게 만드는 것이다(예: 리바이스).

ㄴ. 원스톱(one-stop)

고객 욕구(needs) 관련 상품과 서비스를 한곳에 모아서 제공하는 것이다(예: 오토바이텔).

ㄷ. 매칭

중립적이고 객관적인 관점에서 고객욕구에 맞는 상품과 서비스를 제공하는 것이다(예: 인터넷TV가이드).

ㄹ. 적시 제공

고객에게 맞는 시간에 상품과 서비스를 제공한다(예: peopod).

ㅁ. 추천

고객의 기호와 소비유형에 부합하여 고객에게 상품과 서비스를 제공하는 방법이다(예: 아마존닷컴).

ㅂ. 메타 프로덕트

소비가 이루어지는 배경을 이해한 후 고객의 목적 실현을 위해 모든 상품과 서비스를 묶어서 제공한다(예: parents place)

(2) 직접적인 세분화

값 비싼 인건비를 투자하여 사람을 고용하고 철저하게 고객을 개별화하여 쫓아다니며 진행하는 사업은 아마도 이 세상에 거의 존재하지 않는다. 또한 고객을 평균하여 바라보고 분석하는 시각은 기업 스스로의 함정이기 쉽다. 왜냐하면, 현실적으로는 평균적 고객이 존재하지 않기 때문이다. 그러므로 시장에 대한 정확하고 직접적인 세분화가 필요한 것이다.

다. 시장과 CRM

시장은 고객들의 끊임없는 수요와 공급자의 공급정도에 따라 그 형태가 만들어져 간다. 수요가 공급보다 많을 때와 적을 때를 일컬어 각각 우리는 공급중심의 시장, 수요중심의 시장으로 나뉘게 된다. 또한 시장을 수요의 시기에 따라 나누는 시기 수요도 존재한다. 예를 들어, 입학, 취직, 결혼과 같이 살아가는 시기별로 발생하게 되는 수요를 말한다.

그리고 파생 수요로 나누어 볼 수 있는데 이것은 시기에 따른 수요를 포함한 굵직한 소비에서 파생되어 발생하는 수요를 말한다. 예를 들면, 주택구입과 이사에 따른 파생 수요도 이에 속한다.

라. CRM 전략의 개념

마케팅이란 불특정 다수의 고객에게 어떻게 대처해야 하는가를 생각하기 위한 기업의 지혜이며 틀로 존재하고 있다. 이러한 상황에서 기업은 고객의 의견을 대변하는 개별적인 에이전트로 진화하고 있음이 틀림없다.

(1) 개별 에이전트로 진화

개별고객 에이전트로 진화하기 위해서 전략층과 인사이트(지식)층의 어느 쪽에 주목해야 하는가? 원래 CRM 모델은 시선을 인사이트 층의 존재 자체에 두고 있다. CRM 모델은 마케팅, 세일즈, 서비스 영역에서 인사이트층의 중요성을 인지하고, 사람과 조직, 정보시스템의 강화를 호소하는 것이다. 그 핵심은 매일 개별고객을 주시하고, 변화를 발견하고, 세분화와 분석 형태를 바꾸면서 활동대상과 목표가 개별고객과 어긋나지 않도록 계속 수정할 수 있는 능력을 익히는 것이다.

(2) 진화의 네 단계

CRM 전략 수행 시 기업 발전은 네 단계로 나누어볼 수 있다. 우선 고쳐야 할 것은 '개별고객'을 어떻게 보고, 어떻게 분류하여 고객의 활동에 수월하게 연결시키느냐 하는 문제이다.

1단계, 고객의 적정한 세분화

2단계, 분류별 명확한 지위와 대응

전략적으로 의미 있는 세분화가 되기 위해서는 대담하고 명확하게 지위를 부여하는 것이 필요하다. 자사에 유용한 고객 확보와 비용만 낭비하는 고객을 분류하고 정리하는 문제이다.

3단계, 고객정보 수집과 차별적 활동 능력 강화

자신이 속해있는 업종의 특성에 따라 대처한다.

4단계, 인사이트(insight)를 기업능력으로 강화

지속적인 지적능력 수준을 강화함으로 시대에 뒤처지지 않도록 유도한다. 또한 개별고객 에이전트의 가치를 잘 파악하고 변화에 대응하여 수정해 나간다.

(3) 고객의 적정한 세분화

세분화란 고객의 일방적인 요구만으로 분류하는 것을 피하고 비용과의 균형이 필요하다. 또한 세분화는 매출 상승효과와 비용 증가가 균형 있게 이루어져야 하는데 이를 전략적 세분화라 한다.

세분화의 다섯 가지 함정

ㄱ. 기존 고객정보를 활용할 수 없다.

상황에 맞도록 다시 고객 정보를 모아 재편성하고 전략과 과제에 부합되는 고객을 재분류하는 방법을 시도한다.

ㄴ. 의향정보에 의존한다.

행동정보(구매이력 및 행태)로 추측할 수 있는 방법을 찾는다.
예를 들어, 가전 양판점 하이마트, 전자랜드 등에서 판매 수치에 의한 구매자 분석을 통해 새로운 판매 전략을 수립한다. 단, 의향에 의한 정보를 사용하는 경우에는 '강한' 의향만을 사용한다.

ㄷ. 단순한 세분화 기법에 지나치게 의존한다.
속성, 의향, RFM(Recent, Frequent, Monetary)과 같은 단순한 세분화는 한계가 있다. 그러므로 다양한 세분화 기법을 활용한다.

ㄹ. 세분화가 해결책으로 연결되지 않는다.
세분화가 현장에서 쓸 수 없다면 의미가 없다. 고객을 분류할 수 있는 신호를 추출한다. 정확히 차별할 수 있는 행동을 취할 수 있어야 한다.

ㅁ. 세분화 평가를 현재의 수익성만으로 수행하지 말라.
현재 이익을 주는 고객뿐만 아니라 정보를 제공하는 고객과 기업을 성장시켜주는 고객도 매우 중요한 고객이다.

그렇다면, 어려운 경쟁 시장에서 적정한 세분화를 위하여 기업은 고객세분화를 단순히 마케팅을 위한 부품이 아니라, 전 사원의 행동기준이 되고 공략해야 할 적진의 지도와 같은 존재로 활용해야 할 것이다.

(4) CRM과 기업 강화

ㄱ. CRM 비용 대 효과
업계의 특성을 다시 한 번 재평가하고 적절한 수준의 투자를 생각해야 할 것이다. 예를 들어, 문구점의 고객관리를 생각해 본다면 고객 한 사람당 이윤에 의존하고 있으며 그것은 구매빈도와 구매단가 및 고객점유율에 의한 것이다. 그 문구점에 얼마나 많은 고객이 찾아오는지? 지역 고객 소비 중 몇%를 확보하고 있는지에 대한 대답이 결국 그 문구점을 지속하는 원동력이 될 것이다.

ㄴ. 활동분야별 수준 변화
기업의 CRM 활동은 너무 엉성해도 효과가 없고 세밀하면 비용이 많이 든다(담당 업무와 고객대응과의 조화가 필요). 예를 들어, 개인 활동 표에 따라서 DM은 개인별 수준에 맞도록 보내고 우량고객 우대 캠페인은 분류하여 선정된 고객에게만 목적에 맞도록 마케팅을 실시한다.

ㄷ. 정보 수집 요령

고객에게 직접 정보를 표출해 내도록 유도하는 일이다. 예를 들어, 온라인 운영 기업은 고객이 가입하면서부터 정보입력을 자연스럽게 하게 되며 일정 시간이 흘러 정보 갱신과 상품에 대한 피드백(feedback)을 하게 되면 선물(gift)를 주곤 한다. 이러한 캠페인들은 결국 고객으로 하여금 자연스러운 정보 직접 입력을 하도록 유도할 수 있다. 더욱이 커뮤니티를 형성하게 하여 타 고객에 대해 배려할 수 있도록 유도하기도 한다. (예: 아마존닷컴, 최대의 독서가 집단. 크리스마스카드 무료발송 서비스 제공 기업 : 고객의 주소 정보 갱신목적)

ㄹ. 개별적 대응 요령

CRM을 통해 기업이 강화된 능력을 보유하려면 능숙하게 고객의 마음을 사로잡아야 한다. 물론, 제품에 대해 많이 알고 접근하는 것 이외에도 고객의 이야기를 먼저 들어주고 그리고 기업의 입장을 전달하는 것이 개별적 대응의 최상의 방법이다. 물론, 이 때 제품에 대한 본질을 망각하지 말아야 한다.

제2절 CRM과 기업

까다로운 고객의 입맛을 사로잡기 위해 기업은 CRM을 통해 시장의 선도 기업이 되기 위해서 몇 가지의 원칙들이 존재함을 파악하여야 한다.

CRM의 3가지 계명

- 자사의 우량 고객 식별
- 고객 중심으로 모든 기업 활동을 재편성
- 기존 유통망과 가장 적절한 혼합과 이를 근거로 한 개혁

1. 업계별 CRM 특성

가. 전자업계 - 전기. 전자(가전, 컴퓨터. IT)

(1) 업계특성과 CRM과제

고객과 직접 대면이 없으며 실제 고객을 알지 못하고 고객 관리가 대리점 차원에서 이루어지고 있다. 주로 상품개발 위주의 마케팅을 진행한다.

(2) 직접 판매의 가능성

제품이외의 부가가치 서비스로 차별화 전략을 지향한다. 예) 델 컴퓨터사의 인터넷 직접 판매

(3) 고객정보가 갖는 의미

고객정보를 상품개발에만 이용하는 것이 아니라 마케팅, 세일즈, 서비스 면에서도 활용하여 소비자에게 가치를 제공하는 비즈니스이다.

(4) 전략적 파트너가 되는 유통망

→ 기존 유통망의 역할 변화
- 양판점 위주
- 브랜드 로열티 하락

→ 대리점, 양판점과 고객관리 협력으로 이용 공조
- 양판점을 고객관리의 도구로서 활용

나. 화학업계

(1) 업계특성과 CRM 과제

→ 소재형 화학제품
- 고정고객, 상품차별화가 곤란

→ 가공형 특수제품
- 불특정다수고객

→ 과제

- 고객정보 DB 및 제품기술정보 DB 정비, 콜센터, 전자상거래에 의한 유통 판매체계 강화

(2) 콜센터 선진사례

→ 고객별 서비스 제공을 위한 콜센터 운영, 대면 접촉을 통한 기술지원을 콜센터를 통합함으로써 비용절감 및 24시간 고객 지원 가능

→ 고객지향의 조직도 변화 필요

(3) 전자상거래의 선진사례

시장, 생산거점, 원자재 조달 장소가 국제적으로 전자상거래를 통한 정보 교환과 거래가 효용성이 높아짐.

상품의 용도 확대와 홍보 기능 활용

다. 유통업계

(1) 업계특성과 CRM과제

고객은 보이지 않고 시장과 고객은 변하고 있다.

(2) 고객확보 매니지먼트

상품 뿐 만아니라 고객과의 모든 접촉에서 서비스를 제공하려는 노력

고객을 세분화하고 서비스 유형을 다양화 : 식자재, 반조리재, 조리품 등

(3) 전자상거래 충격

중간유통이 생략된 전자상거래의 발전

부가가치 창출의 역할자로서 유통의 재설계

(4) 개별고객 에이전트로 진화

고객 유지와 로열티를 높이는데 집중

라. 보험업계

(1) 업계특성과 CRM 과제

고객과 직접 접촉 부재, 고객정보의 소유 문제

- 영업사원, 회사

보험업의 성장 치중에 고객관리의 필요성 낮았음

상품설계와 가격 설정의 자유화로 경쟁체제 심화

과제 - 고객정보에 기초한 고객지향비즈니스 모델로 전환

보험회사마다 강점을 찾아 타사와 차별화하여 발전 유도.

약점의 강점 전환 및 제거.

(2) 고객정보 수집

기존 정보수집의 어려움 극복

- 영업 현장정보 흡수
- 회사 자체에서 공식적인 절차에 의해 모여지는 정보

효율적 통합관리

- 타 회사와 연계 (카드사, 관련사 등)

(3) 이벤트 시기 정보

고객에 먼저 필요를 인식시켜라

고객의 상황과 시기정보를 활용하라

(4) 모든 업무 프로세스를 철저한 CRM으로 전환하라.

(5) 초심으로 돌아가서 고객위주로 접근하라.

2. CRM의 적용사례

가. 외국기업들의 CRM

외국기업들의 국내시장 점유율이 최근 급속하게 늘어나고 있는 추세이다. 모토롤라 코리아의 휴대폰 시장점유율이 1999년 17%나 상승하였다. 다른 산업의 경우도 마찬가지로 광고 산업에서는 외국계의 시장점유율이 7%정도 상승하여 20%선으로 올라섰다. 이 뿐만 아니라 국내 경비업체 중 하나는 시장점유율이 2위로 20%대에서 머물러 있었으나 IMF로 인해 미국 TYCO 그룹에서 인수하게 되었다. 인수 이후 고객관리 분야에서 선진 경영기법을 도입한 결과 시장점유율을 5%정도 높일 수 있었다(매일경제 2000년6월18일).

이처럼 외국기업들의 전반적인 강점은 고객을 향한 강화된 프로그램을 발휘하고 있다는 것이다. 또한 그에 맞는 정확한 전략과 전술을 구사하고 있다는 것이다. 외국기업들은 치열한 상황에서 국내기업들과의 경쟁에서 살아남기 위하여 고객만족 활동과 핵심고객들에게 차별적인 관리 프로그램을 운영하였다. 물론, 이 과정에서의 마케팅 노하우와 데이터베이스를 지속적으로 축적해 가고 있다. 이에 비해서 국내기업은 획일적이고 대량생산 위주인 공급자 중심의 생각을 버리지 못하고 있음을 알 수 있다.

이에 비해 선진기업들은 그들만의 고객관계를 통합적으로 관리하는 CRM 시스템을 구축하는데 주력하고 있다. 단순한 제품과 서비스를 판매하거나 고객요구를 수용하는 차원을 넘어서 고객 각각의 문제와 그들의 요구를 해결하는 단계의 발전적인 접근을 하고 있다. 또한, 인터넷 도입으로 고객과의 커뮤니케이션, 문제해결 빈도 및 속도가 획기적으로 개선되고 있는 현실이다.

조사기관인 IDC에 의하면 2000년 초부터 미국과 유럽에서 CRM은 핫 이슈로 부상하기 시작하였다. 이슈화 되면서 기업들은

몇 가지 변화의 모습을 갖게 되었다.

(1) CEO가 직접 CRM프로젝트의 실행을 독려하고 모니터링 함

(2) 기업의 65%가 CRM기술과 방법 인지

(3) CRM 프로젝트(하드웨어, 소프트웨어, 서비스)에 투자
: 평균 310만 달러(31% 기업은 500만 달러 이상 투입)

이처럼 선진기업들은 CRM을 통해 한차원 높은 고객관계를 정립하여 1위 굳히기 혹은 도약을 시도하고 있다. 구식의 콜센터와 고객 서비스 형태를 최신의 CRM 체제로 전환한 기업들도 나타나기 시작했다(마이크로소프트, 컴팩 등). CRM을 도입한 이후 업계 10위권으로 도약한 기업들도 나타났다.

나. 국내기업의 CRM

단순한 판매에 집중하던 국내기업들이 1998년 외국계 컨설팅회사가 CRM 패키지를 판매하면서 그 필요성을 인식하기 시작하였다. 한국 소프트웨어산업협회에 의하면 국내 CRM 패키지 시장이 급성장하고 있는 추세임에 틀림없다.
(1999년 997억 → 2000년 1/4분기만 766억으로 급성장)

이처럼 주요 기업들이 CRM에 관심을 보이면서 시장의 팽창과 더불어 일반 소지재가 아닌 포항제철이나 LG정보통신 등이 기업고객을 목표로 CRM을 구축할 정도였다.

그러나, 현재 국내 기업들의 CRM에 대한 인식은 선진기업과의 비교에서 큰 격차를 보이고 있는 것이 사실이다. 특히 전략적 접근 측면에서 그 이해정도는 아직도 많은 차이를 보이고 있다. 기업내 IT관련 패키지 도입시 이해하는 정도 혹은 IT 혹은 마케팅 관련임원이 최고경영자(CEO)의 결정을 통해 CRM 관련 업무를 추진하거나 여러 부서들의 지원을 얻어 진행함에 있어 어려움이 많은 현실들이 아직도 선진기업과 그 차이를 보이고 있는 것이다. 자칫 전사적 차원의 공감대가 없다면 이것은 일시적 유행이나 움직임에 그칠 우려가 높을 것이다. 국내기업들의 경영혁신 기법은 1980년대 이후 수없이 많이 도입되었으나 대부분 기업현장에서 정착하지 못하고 사라졌다.

이러한 환경에서 국내기업들의 디지털 시대에 대한 적응 가능성은 CRM 도입을 얼마나 잘 하는가에 달려있다고 해도 과언이 아니다.

다. CRM 시대의 도래

기업의 고객관리에 대한 변화는 1970년대 판매를 중심으로 한 초창기부터 시작하였다. 판매가 지배하던 시대에는 수요와 공급에 의한 시장 형성이 이루어 진 바, 수요가 공급을 넘어서는 시장 상황이었다. 획일적 제품이 고객에게 일방적으로 팔리는 단순한 판매의 시대였다. 이러한 시장 환경은 수동적 구매자를 만들고 시장에 일방적인 공급을 이루게 하였다. 마케팅이 굳이 필요 없어도 시장에서 살아남을 수 있는 상황이었다.

그 후 1980년대에는 고객 만족의 시대라 일컬어질 만큼 기업은 고객의 만족을 측정하는데 중심을 두었다. 기업 간 경쟁이 심화되면서 구매자들은 선택에 의해 구매를 하기 시작하였다. 공급이 수요를 초과하며 기업의 품질관리가 서서히 중요해지는 상황이었다. 단순한 영업 형태가 아닌 영업과 서비스가 동시에 이루어지는 상황이었다. 고객은 판매 이후 서비스의 만족과 관리에 의해 그들의 선택적 구매에 대한 만족을 측정하기도 하였다.

1990년대에는 고객들의 다양성과 개별적 개성을 드러내는 구매자의 특성들이 나타나기 시작하였다. 고객들의 개성과 다양성은 기업으로 하여금 좀 더 세밀한 고객 접근을 하도록 하였으며 IT 기술의 필요성을 일깨워 주기 시작했다. 이러한 기업의 환경은 고객들의 개별정보를 활용하는 데이터베이스 마케팅을 자리 잡게 하였다. 고객에 대한 정보들이 서서히 축적되면서 기업은 데이터베이스(data base)를 중요한 정보의 기본 축으로 생각하게 되었고 DB를 활용한 기업의 마케팅이 서서히 고객에게 친근한 관리 방법으로 다가서게 되었던 것이다. 기업이 고객과 서서히 가까워지고 그들을 좀 더 심층적으로 이해하고 관리하기 위해서 1990년대 후반에 CRM이 등장하게 된다. 개별고객과 쌍방향 의사소통을 함으로써 고객의 세부적인 욕구(needs)를 얻어낼 수 있는 능동적인 고객관리 접근법이 기업의 새로운 경쟁력으로 자리하게 되었다. 즉 기업의 고객관리가 기업의 성과와 생존에 직접적으로 영향을 주는 CRM의 시대가 도래한 것이다. 결국, 기업은 이러한 고객관리의 시대적 변천을 겪으며 기업이 갖는 경쟁력을 찾아내고 고객의 성향에 따라 차별적으로 대처함으로 고객의 숨은 욕구를 발견하게 된다. 시대별 고객관리를 정리하면 <표11 - 1>과 같다.

〈표 11-1〉 시대별 고객관리

구 분	판매중심의 시대 (1970년대)	고객만족의 시대 (1980년대)	DB마케팅 시대 (1990년대)	CRM의 시대 (90년대 후반)
대고객 관점	수동적 구매자	선택적 구매자	개성화, 다양화 추구 구매자	능동적 파트너
고객과의 관계	전체 시장에 일방적 공급	고객만족도 측정, 일방적 관계	그룹화 된 고객과의 일방적 관계	개별고객과 쌍방향 의사소통
고객관리	단순영업위주	영업과 판매 위주 서비스	IT기술팀 위주	전사적 관리

시대별 고객관리를 살펴본 결과 고객은 수동적 입장에서 서서히 능동적 참여자로 변화하고 있다. 과거에는 공급자 → 판매활동 → 고객의 방향으로 가치사슬이 형성되었으나 최근의 가치사슬은 고객 → 고객. 기업간 채널 → 경영활동의 변화로 이어지고 있다. 또한 일방적 커뮤니케이션에서 이제는 쌍방향의 동반자로 기업과 고객의 관계가 이어지고 있다.

라. CRM 적용 사례

→ BC 카드사

- 부정사용자 적발 시스템

BC 카드는 데이터마이닝 기법을 활용한 부정사용자 적발 (fraud detection) 시스템 구축을 통해 고객과의 관계를 강화한 사례이다. 신용카드회사의 골칫거리 중 하나는 타인의 카드를 훔치거나 주워서 몰래 사용하는 것이다. BC 카드사는 이런 일이 발생하는 것을 미리 방지하기 위해 데이터마이닝 기법을 사용하였다.

예를 들어 거래당일 누적거래 회수, 거래 간 시간 차이, 평균 거래금액 등 신용카드를 사용하는 패턴이 평소 사용하는 특성에서 벗어나게 되면 위험도 점수가 높아지게 되고 이 점수가 일정 수준에 이르면 자동으로 거래가 거절된다. 만일 이때 신용카드 가맹점에서 카드를 사용하면 BC 카드사로 연락을 요청하는 메시지가 승인 단말기에 해당 전화번호와 함께 자동으로 나타난다. 이렇게 되면 카드 사용자는 BC 카드사 직원과의 전화 통화로 본인 여부를 확인하는 절차를 밟아야 하고 아무 이상이 없다고 판단되면 정상적으로 거래가 이루어지는 것이다.

BC 카드사는 이 시스템 도입을 통해 카드의 부정사용으로 인한 손실액을 적지 않게 줄일 수 있었다. 신용카드를 정상적으로 사용하고 있는 일부 회원들이 불편을 호소하는 문제가 발생하였으나, 두 차례에 걸쳐 모델링을 개선했으며 현재는 그와 같은 불편을 최소화하고 있다.

→ 한미약품

- 영업력 강화 시스템을 통한 고객관리

제약회사는 현재 영업사원의 인맥과 성실성에 의존하는 전통적인 영업방식으로는 더 이상 생존하기 힘든 시장구조가 형성되고 있다. 한미약품은 이러한 현실을 극복하기 위해 영업력강화시스템 (SFA, Sales Force Automation)을 구축키로 하고 프로젝트에 돌입했다.

구체적으로는 1)현장에서 직접 사무업무를 수행하고 전달 받을 수 있는 영업자동화시스템과 2)고객이 요구하는 가치정보와 제품정보, 그리고 제약기술 정보를 영업사원이 적시에 취득하고 제공할 수 있는 영업정보시스템, 그리고 3) 유망고객발견과 고객방문우선순위 등을 결정할 수 있는 고객관리시스템 구축을 목표로 하고 있다.

이를 위해 한국 후지쯔의 세일즈포스비전 (Sales Force Vision) 패키지를 도입, 구축하고 있다. 한미약품의 SFA 구축전략 중에서 가장 돋보이는 것은 제약기술 정보DB를 구축하겠다는 것이다. 고객의 구매 패턴을 분석하고, 유망고객을 찾고, 그 고객에게 어떠한 정보를 제공할 것인가를 선택하는 영업정보시스템의 구축은 경쟁사의 전략과 크게 다르지 않다. 하지만 약사와 의사 등 전문가를 대상으로 한 영업이기에 각종 국내와 제약기술 정보를 제공함으로써 자사 상품의 구매 동기를 유발시키겠다는 것은 차별적인 영업 전략이다.

→ 삼성몰

- CRM을 통한 일대일 마케팅

현재 삼성몰은 일일 방문자수 46만명, 재구매율 35%에 이르는 국내 최대의 쇼핑몰 중 하나이다. 기존 쇼핑몰 업체가 전문몰 중심으로 재편되고 백화점들이 쇼핑몰 사업에 본격적으로 뛰어듦에 따라 삼성몰은 마케팅과 정보기술 활용을 통한 "고객 끌어안기"가 최대의 현안임을 강조한다.

삼성몰은 최우선 과제를 "고객만족"으로 설정하고 고객과의 관계를 강화하기 위한 여러 가지 전략을 수행하고 있다. 대표적인 것이 원투원 솔루션인 "Net Perception"의 도입이다.

Net Perception은 고객의 구매 이력 및 웹상의 구매 행태를 실시간으로 반영, 분석하고, 고객에게 적합한 상품을 추천하는 것이다. 이를 통해 삼성몰은 본격적인 일대일 마케팅의 기반을 마련하였다. 이러한 지능형 에이전시 기능을 활용함으로써 방문하는 고객들은 상품을 일일이 찾아다니지 않아도 자신이 원하는 상품을 쉽게 찾을 수 있게 되었다.

또한 같은 구매이력이나 선호를 보인 고객들이 구매한 다른 상품을 추천하고 있으며, 개인별 쇼핑 가이드 역할을 할 이메일 마케팅을 본격적으로 추진하고 있다. 삼성몰은 CTI, 이메일, 게시판 등 고객과의 접점을 통일하고 고객과의 관계를 강화하는 eCRM 도입에 박차를 가하고 있다. 지능형 에이전시를 이용하여 고객에게 알맞은 정보를 제공하고, 게시판을 통한 고객 실시간 응대 서비스나 분기별 고객 모니터 요원으로 쇼핑몰에서 생길 수 있는 문제점들을 꾸준히 모니터링하는 등 여러 측면의 고객 관계 관리를 통해 재구매율 35%라는 성과를 이룰 수 있게 되었다.

3. CRM 실행시 유의사항

첫째, 자사의 특성에 맞는 CRM 전략을 수립하는 것이다. 자사의 전략적 방향성을 설정하지 않고 다른 경쟁사에서 도입해서 효과를 봤다고 하는 CRM 시스템을 무턱대고 도입했다가는 큰 낭패를 볼 수도 있다.

최근 CRM시스템을 도입했으나 큰 효과를 보지 못했다고 말하는 기업들이 적지 않다. 과연 이들 기업이 고객(Customer), 자사(Company), 경쟁사(Competitor)라는 3C 측면에서 엄밀하게 환경분석을 했는지, CRM 도입의 목표는 명확했는지, CRM에 필요한 활동들은 정확히 정의하였는지 등 전략적 측면의 검토와 전략과의 부합하는 CRM 시스템을 도입하였는지에 대한 점검이 필요할 것이다. 또한 CRM의 도입 효과가 단기간에 나타날 것으로 지나치게 기대하고 있는 건 아닌지 생각해 볼 일이다.

CRM은 단순히 정보시스템을 구축하고 몇 번의 시도로 끝나는 활동이 아니라 지속적으로 전개해 나가야 할 장기적인 활동이라는 것을 명심해야 할 것이다.

둘째, IT 업체가 중심이 되어 CRM 시스템 영업 활동을 전개하고 있어 자칫 CRM을 회사 내 IT 부서의 고유 업무라는 잘못된 인식을 하고 IT부서 주도 하에 CRM 활동을 전개하는 것을 볼 수 있다. 그러나 몇 번 강조하지만 CRM은 마케팅, 영업, 고객 서비스 등 고객과의 긴밀한 관계 유지를 위해 필요한 활동들을 정보시스템이 지원하는 것이지 정보시스템 자체가 CRM이 아니라는 점이다. 따라서 CRM 시스템 도입을 검토하고 있다면 마케팅, 영업, 고객 서비스 등의 부서와 IT 부서가 긴밀한 협조 체계를 구축하고 도입의 목적, 효과, 적합한 CRM 시스템 등에 대해 충분히 검토하고 도입 여부를 결정할 필요가 있다.

셋째, CRM을 도입하기 전에 자사의 고객 데이터 측면의 검토가 필요하다. CRM은 고객 데이터를 바탕으로 과학적인 활동을 전개하는 것인데, 이들 고객 데이터가 부실하지 않은지 검토해 봐야 할 일이다. 즉, 고객 데이터를 확보할 수는 있는 것인지, 고객 데이터는 관리하고 있으나 정작 필요한 데이터가 빠져 있지는 않은지, 주소나 전화번호 등 고객 관련 데이터가 제때에 갱신되고 있는 것인지, 데이터 자체가 엉터리 값이 들어가 있는 것은 아닌지 등에 대해 검토해 보아야 한다.

사례

인생의 2라운드
먼저 '과거를 지워라

재취업 준비하는 당신, 필요한건 뭐?
명함 · 지우개 · 연필

짧아진 정년, 늘어난 수명. '인생 이모작' 이라는 말이 유행이다. 중년 이후 새 인생을 개척해야 한다. 창업에 나서는 경우도 있지만, 자칫 실패하면 타격이 크다. 중년 이후 보다 안정적인 생활을 위해 재취업을 선호하는 사람들이 많다. 하지만 일자리는 턱없이 부족하고, 눈높이에 맞는 직장을 찾기는 더더욱 힘들다. 효과적인 재취업 방법은 무엇일까?

명함 사람이 재산이다… 인맥 활용

경력자의 최대 강점은 사람이다. 그동안 쌓아 두었던 명함을 정리해 보자. 대부분 자신이 해왔던 업무와 관련 있는 이름들이다. 경력을 살려 재취업하기 위해서는 이들 인적 네트워크를 활용해야 한다. 특히 재취업 시장은 공채보다 추천에 의해 이루어지는 경우가 많다.

직무와 업종 등을 기준으로 명함을 분류한 후 공략해야 한다. 친밀도는 크게 중요하지 않다. 읍소를 하기보다 자신이 원하는 직무, 자신이 할 수 있는 직무를 명확히 이야기 하는 게 좋다.

가능하면 직장을 떠나기 전에 이 같은 작업을 미래 해두는 것이 필요하다. 자신의 경력을 살려 취업하기가 퇴직 후보다 훨씬 쉽다. 아무래도 '끈'이 떨어지지 않을 때 만나야 더 많은 도움을 받을 수 있다. 다른 직업을 구하도록 도와주는 전직(轉職) 지원 프로그램(아웃플레이스먼트)이 있는 기업이라면 이를 적극 활용해야 한다. 최근 취업사이트 인크루트 조사에 따르면 기업의 17.9% 정도가 전직 지원 프로그램을 운영 중인 것으로 나타났다.

지우개 잘나가던 기억 지우고 체면도 버려라

'내가 대기업의 임원이었는데….' '내 연봉이 얼마였는데….' 재취업은 과거의 기억을 걷어 내는 것에서부터 출발해야 한다. 체면을 앞세우기보다 보수가 적더라도 자신의 경력과 능력을 발휘할 수 있는 회사를 찾아야 한다. 과거에 집착하다 보면 직장을 찾기 힘들다. 실직 기간이 길어질수록 재취업의 문은 좁아진다.

반대의 경우도 있다. 초조한 마음에 우선 들어가고 보자는 식으로 아무 곳에나 입사했다 조건과 업무가 맞지 않아 금방 퇴사하는 사람도 있다. 인크루트 이광석 대표는 "반복되는 입사와 퇴사는 경력 관리에도 도움이 되지 않는다."고 말했다.

연필 경쟁력 높이기 위해선 다시 공부를 하자

재취업을 위해 취업교육을 받는 사람도 적지 않다. 전문적인 교육으로 자신의 가치를 높여 취업 경쟁력을 높이겠다는 것이다. 그러나 주의할 점은 취업이 잘 되는 분야라고 해서 무작정 인기 직종과 관련된 교육을 고집해서는 안 된다.

최근 40~50대 중년층 가운데 IT교육을 받는 사람들이 많다. 하지만 IT분야에 취업하겠다는 생각은 적당하지 않다. 업무 특성상 젊은 사람을 선호하기 때문이다. 기존 경력을 보완하는 차원에서 활용하겠다는 사고가 필요하다. 노사공동재취업지원센터 양균석 팀장은 "인력이 부족한 중소기업을 노린다면 재취업에 성공할 확률이 높다"고 말했다.

출처: 조선일보 2007년 7월 2일

제3부

성공 지원을 위한 활용

제12장 면접의 진실

제1절 면접의 이해

1. 정의

면접이란 일반적으로 서류심사, 필기시험 등을 거치고 난 후, 최종적으로 지원자를 직접 만나 인성과 지식수준, 성장가능성 등을 평가하여 원하는 인재를 찾는 공개채용의 방식이다.

보통 지원자의 기본적인 자질은 필기시험이나 서류전형을 통해 알 수 있으나, 그것만으로는 지원자의 인간성 등을 알 수 없기 때문에 면접관이 직접 대면하여 지원자의 잠재적인 능력, 창의적인 사고, 직업관 등을 평가하고자 하는 것이다.

2. 면접의 중요성

유능한 인재의 확보는 기업의 생사와 직결되기 때문에 면접은 기업의 가장 중요한 투자 중에 하나이며, 인재선발의 가장 핵심적인 과정으로 자리 잡고 있다. 얼마 전까지만 하더라도 국내기업의 경영방침은 주로 설비나, 기술, 자금 등에 우선순위를 두었으나, 근래에는 유능한 인재를 선발하는데 시간과 노력을 아끼지 않을 정도로 인재의 중요성을 깊이 인식하는 기업이 많아졌다. 이러한 경향은 대규모 채용을 벗어나 소수의 인원만을 채용하는 시대로 변모하면서 면접의 중요성이 더욱 커지고 있다. 대규모 채용처럼 뽑지 않아야 할 사람을 탈락시키는 것이 아니라 소규모로 채용을 진행하면서 자사에 꼭 필요한 인재만을 선발하는 쪽으로 변화하고 있다.

요즘은 기업의 경영환경 변화에 따라 환경 변화에 유연하게 대응할 수 있는 인재를 필요로 하기 때문에 지원자의 종합적인 능력을 파악할 수 있는 면접이 중요해졌다. 특히 개인적인 능력은 뛰어나지만 기업의 문화에 어울리지 못하는 사람 때문에 팀 분위기를 와해시키는 경우가 있어 면접을 통해 기본적인 인성을 평가하는 경우가 많아졌다.

우수한 성적을 받았지만, 옳지 않은 가치관을 갖고 있거나, 대인관계가 원만하지 않거나, 성격상의 결함이 있거나, 심리적인 불안정성, 제출한 서류와 상반되는 경우 등을 대비하여 기업은 철저한 준비를 통해 면접시험을 실시하고 있다. 기업이 면접시험에 커다란 비중을 두는 이유는 일반적인 지식은 대부분의 수험생들이 갖추고 있을 것이라는 판단 하에 이들의 잠재력과 인간성에 더 많은 관심을 두고 있기 때문이다.

3. 면접의 종류 및 대응법

인사담당자는 서류전형으로 지원자의 기본적인 사항을 체크한 후 나머지 종합적인 평가는 면접을 통해 직접 확인한다. 면접시험은 크게 개별면접과 집단면접, 집단토의 면접으로 구분된다. 일반적으로는 1차로 면접이 끝나지 않고 2, 3차에 걸쳐 면접이 진행된다.

따라서 면접시험 전에 자신이 지원한 기업에서 어떤 형태의 면접방식을 위하고 있는지에 대해 미리 체크하고 그것에 대한 대비책을 준비해 두어야 한다. 기업에서는 각각의 면접방식에 대해 나름대로의 숨은 의도를 품고 있다. 그것을 파악하고 대처하기 위해 기본적인 면접의 종류에 대해 알아보자.

1) 기본적인 면접시험

<table>
<tr><th>면접 종류</th><th colspan="2">면접의 특징 및 대응법</th></tr>
<tr><td rowspan="2">개별면접</td><td colspan="2">• 1명의 수험생을 한 명 또는 여러 명의 면접관이 면접하는 방식
• 시간이 많이 걸리기 때문에 소수의 인원을 선발할 때 자주 사용</td></tr>
<tr><td>대응법</td><td>• 예상 질문사항 미리 준비하기
• 편안한 마음으로 면접에 응하기
• 일률적인 방법 피하기</td></tr>
<tr><td rowspan="2">집단면접</td><td colspan="2">• 면접관 여러 명이 지원자 여러 명을 한꺼번에 평가하는 면접방식
• 동시에 여러 명을 비교 관찰, 평가의 객관성 유지할 수 있는 방식</td></tr>
<tr><td>대응법</td><td>• 남의 의견에 귀 기울이기
• 적극적으로 자기주장하기
• 발언 기회 놓치지 않기</td></tr>
<tr><td rowspan="2">집단토론
면 접</td><td colspan="2">• 일정한 주제나 내용이 제시되고 여기에 대한 면접지원자들의 토의를 보고 평가하는 방식
• 수험생의 이해력, 협조성, 판단력, 표현력 등의 종합적인 태도와 능력 등 평가yes
• 토론의 방법은 회사측에서 사회자가 나와 주제를 주고 토론을 하는 방법, 주제는 주되 사회자는 수험생 중 한명이 맡는 방법, 사회자도 주제도 없이 자유롭게 토론하는 방법 등form</td></tr>
<tr><td>대응법</td><td>• 타인의 의견 경청하기
• 주제에 타당한 발언하기
• 요점을 명확히 하기 위해 결론부터 이야기하기
• 필기구를 준비하여 메모하면서 임하기</td></tr>
<tr><td rowspan="2">사원추천
면 접</td><td colspan="2">• 학교 취업 사이트, 동문 사이트, 취업설명회, 취업정보지를 통해 추천 받는 형태
• 해당 분야 인력을 안전하게 확보하기 위해 실시, 시간과 비용을 절감하는 효과</td></tr>
<tr><td>대응법</td><td>• 선후배에게 적극적으로 PR하기
• 전문 분야와 관련된 실력 쌓기
• 당당하게 자신을 알리기</td></tr>
</table>

2) 이색 면접시험

면접 종류	면접의 특징 및 대응법	
술자리 면접	• 서류 통과자들과 저녁식사를 겸한 술자리를 갖고 면접하는 방식 • 술자리에서의 태도 · 사회성 · 표현능력 등 10여 개의 항목을 정해 놓고 이를 점수로 환산해 평가	
	대응법	• 술자리 분위기를 리드할 수 있는 적극성 보이기 • 평소의 모습으로 면접에 응하기 • 자기 통제력을 발휘하기
프레젠테이션 면 접	• 직군별로 전문성 있는 주제에 대하여 수험생 자신이 의견, 지식, 경험, 열정 등을 직접 발표 • 각 직군에서 요구되는 문제해결 능력, 전문성, 창의성, 기본 실무 능력 등 평가	
	대응법	• 시선처리, 목소리 톤, 자세 등에 유의하기 • 전략적으로 요점을 발표하기 • 신입사원의 경우 주제를, 경력사원의 경우 업무계획을 중심으로 발표하기
무자료 면접	• 면접관이 지원자의 출신교 · 출신지역 · 개인적 배경 등에 관한 자료를 갖지 않은 상태에서 면접 실시 • 지연, 학연, 혈연 등 업무 외적인 채용에 영향을 주는 것을 막으려는 목적	
	대응법	• 당당하고 정직하게 면접에 대비 • 면접관에게 깊은 인상 남기기 • 임기응변 능력 키우기
합숙 면접	• 수험생과 면접관이 일정 기간 합숙을 하면서 지원자의 평소 모습을 관찰하고 평가yes • 합숙을 하면서 주제발표, 게임, 운동 경기를 함께 하면서 개인 능력보다 조직 능력 가능성을 종합적으로 평가form	
	대응법	• 팀을 리드하는 적극성, 협조성 나타내기 • 일을 찾아서 하는 능동적인 태도 • 조직 생활에서 튀는 행동 삼가기

4. 면접의 절차

일반적으로 면접시험은 대기 → 호명 → 입실 → 면접 → 퇴실의 순서에 의해서 진행된다. 실질적인 질의 응답이나 토론은 면접실에서 이루어지지만 대기실에서부터 퇴실까지의 행동 하나 하나가 평가의 대상이 된다.

면접시험의 순서를 아는 것은 안정감과 자신감을 유지하는데 반드시 필요하다.

가. 출발

- 평소 걸리는 시간보다 적어도 1시간 일찍 출발한다.
- 가급적 10분 정도 일찍 도착하는 것이 분위기를 파악하는데 도움이 된다.

나. 대기실

- 휴대전화는 대기실 입실과 동시에 전원을 끄는 것이 좋다.
- 잡담을 나누는 등의 불필요한 행동은 자제하고, 바른 자세를 유지해야 한다.
- 조용한 태도로 자기 차례를 기다리는 동안 예상되는 질문에 대한 답변을 최종적으로 정리하는 것이 좋다.

다. 입실

- 면접실의 문이 닫혔을 경우 가볍게 노크 후 면접실에 들어서면 조용히 문을 닫고 정면의 면접위원을 향하여 가볍게 허리를 굽혀 인사를 한다.
- 면접위원이 지시하는 자리로 가서 면접위원에게 정식으로 인사하고 "○○번 ○○○입니다." 라는 자기의 수험번호와 이름을 말한 뒤 조용히 자리에 앉는다.
- 두 다리는 가지런히 모으고 양손을 무릎 위에 자연스럽게 올려놓는다.

라. 질문과 답변

- 면접관은 가장 먼저 얼굴 전체에서 받은 느낌을 종합해 인상을 판단한다.
- 면접관의 질문에 조리 있게 대답한다.

• 아는 범위까지 성실하게 대답하고 모르는 질문을 받을 경우 당황하여 횡설수설하지 않도록 주의한다.
• 작은 소리로 웅얼거리지 않도록 음량에도 신경 쓴다.

마. 퇴실

• 면접관이 '이제 나가셔도 됩니다.' 라고 말하면 자리에서 일어나 '감사합니다.'라고 말한다.
• 앉았던 의자를 바르게 놓고 문 앞에 나가기 전 정중하게 인사를 한다.
• 문을 닫고 나오는 순간까지 긴장이 풀어져서 흐트러진 행동을 하지 않도록 주의한다.

제2절 효과적인 면접 준비

1. 면접에 임하는 자세

입사시험에서 면접의 비중이 갈수록 높아지고 있다. 면접이야말로 지원자의 자질, 끼, 창의력, 업무 추진력 등을 면밀히 평가할 수 있는 가장 효과적인 방법이기 때문이다. 지원자는 면접을 단순히 '상대에게 보이기 위한 면담' 정도로 가볍게 생각하지 말고 취업을 희망하는 기업의 인재상, 문화 등을 사전에 조사, 분석하여 대책을 마련하는 태도가 필요하다.

적과 싸워 이기려면 먼저 적을 알아야하는 것과 같이 면접위원이 자기에게 어떠한 질문을 할 것인지를 미리 파악해 둘 필요가 있다. 면접은 입사지원자와 면접위원과의 맞선이다. 자신이 가지고 있는 능력, 사고방식, 장점을 충분히 내보일 수 있게 평소 충분히 준비해야 한다.

가. 자신 있고 명료하게 말하되, 핵심을 먼저 말하라.

자신이 말하고자 하는 입장을 명확하게 밝힌다. 그러기 위해서는 먼저 결론을 제시하고 설명을 붙이는 방식으로 말하면 좋은 인상을 심어줄 수 있다. 여기에 구체적인 근거를 제시하면 더욱 효과적이다.

나. 모르는 질문에 당황하지 말고 성실하게 답변하라.

전혀 모르는 질문을 받으면 솔직하게 모르겠다고 답변하고 더 공부하겠다는 태도를 보이는 것이 중요하다. 당황하여 횡설수설하는 경우가 있는데 이럴 때는 아는 범위까지 성실하게 설명하고 자신의 부족한 부분을 솔직히 인정하는 편이 낫다. 경쟁자보다 답변이 미흡했다는 느낌이 들더라도 포기하지 말고 마지막 질문까지 최선을 다하는 태도를 보여야 한다.

다. 어떤 상황에 처해도 유연하게 대처하라.

전혀 예상하지 못한 황당한 말이나 난처한 질문을 받았을 때 당황하지 말고 심호흡을 한번 한 후 유연한 상황 대응력을 보여주어야 한다. 질문에 진지하게 대답하되 유머감각을 보여주는 것도 필요할 때가 있다. 상황에 맞추어 재치 있게 답변하는 지원자가 면접관의 호감을 살 수 있다.

라. 상대의 이야기에 귀를 기울여라.

집단면접은 자신을 부각시킬 수 있는 좋은 기회가 된다. 상대방이 하는 이야기를 충분히 들은 후에 자신의 의견을 간결하게 밝히는 것이 좋다. 한두 차례 반어법을 사용하는 여유를 부리는 것도 자신에게 플러스 요인으로 작용한다.

마. 본인의 소신과 열정을 최대한 강조해라.

대학시절 관심을 가졌던 전공분야, 활동, 성취 경험 등을 제시해야 한다. 원하는 분야나 자신 있는 분야는 실무 능력으로 연결되기 때문에 뚜렷하게 강조하는 것이 좋다. 그래서 기업에서 찾는 인재가 바로 '나'임을 열정적으로 피력할 수 있어야 한다. 열정이 넘치는 사람은 면접관에게 좋은 인상을 준다.

2. 면접을 위한 이미지 만들기

면접 시 첫인상을 판단하는 중요한 변수 중의 하나는 바로 옷차림이다. 옷 잘 입는 사람이 자기관리에도 철저하다는 인식이 확산되면서 면접옷차림도 자신의 감각을 표현하는 쪽으로 변화하고 있다. 그러나 가장 중요한 것은 깔끔하고 단정한 인상과 신뢰감, 호감을 줄 수 있는 옷차림이다.

면접요령의 첫 번째는 면접관들에게 좋은 인상을 심어주는 것이다. 그러기 위해서는 자신의 개성을 살리면서 깨끗하고 깔끔한 인상을 주는 것이 무엇보다 중요하다. 면접 시 유의해야 될 옷차림에 대해서 살펴보자.

가. 남자의 경우

(1) 직종 : 대기업, 공사 → 모던 드레스 스타일

보수적인 분위기의 대기업이나 공사는 클래식하고 단정한 스타일이 어울린다. 기본적으로 대기업 면접에는 단정하고 자신감이 넘쳐 보이는 복장과 태도가 가장 중요하다. 지나치게 트렌디한 아이템으로 멋을 부리기보다는 2버튼 스타일의 네이비 색상의 수트나 그레이 색상의 솔리드 수트 계열의 넥타이로 무난하면서도 신뢰감을 줄 수 있는 이미지를 연출한다. 권위적인 느낌을 주는 검정색 슈트는 피하는 것이 원칙이다. 신발은 정장보다 짙은 색을 선택, 검정색이 가장 무난하다.

(2) 직종 : 외국계 회사, 정보통신 → 모던 스타일

지나치게 딱딱한 정장보다는 전체적으로 밝아 보이면서 예의에 어긋나지 않는 복장이 적당하다. 네이비 색상의 스트라이프 수트에 푸른색 셔츠, 짙은색 넥타이로 깔끔하고 지적인 이미지를 연출한다. 스트라이프 수트를 선택했을 경우 스트라이프 색상에 셔츠와 타이를 맞추면 통일감 있는 옷차림을 완성할 수 있고 정돈된 느낌을 부여할 수 있다.

(3) 직종 : PR, 광고, 디자인, 벤처 → 트렌드스타일

전문 직종은 개성연출이 필요한 곳이므로 노타이나 등 센스가 돋보이는 옷차림을 시도할 만하다. 칙칙한 색보다는 밝은 색상으로 자연스런 멋을 풍기는 정장이 어울린다. 검정색 2버튼 수트에 노타이 화이트 셔츠로 코디하여 트렌디함을 돋보이게 하는 옷차림 역시 센스를 한층 빛나게 해줄 것이다. 일반 정장 구두보다는 로퍼로 마무리하면 한층 세련된 옷차림을 완성할 수 있다.

나. 여성의 경우

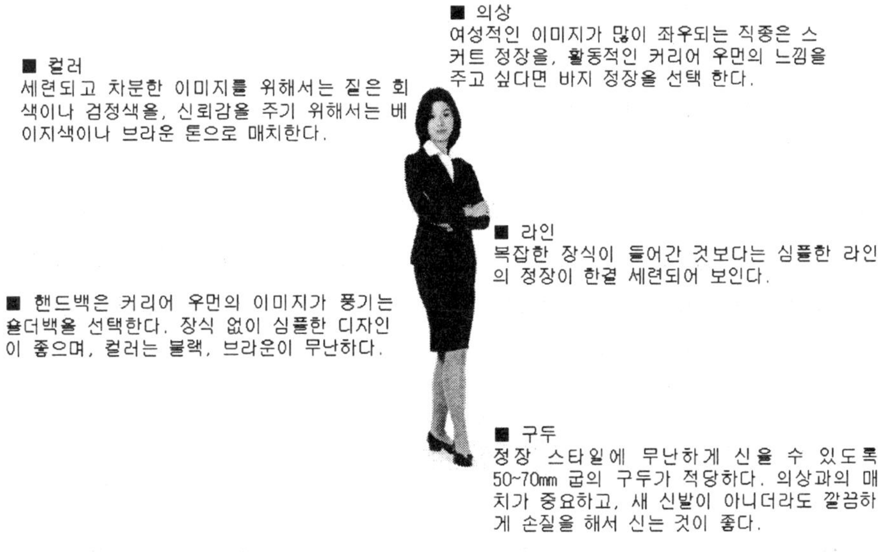

■ 의상
여성적인 이미지가 많이 좌우되는 직종은 스커트 정장을, 활동적인 커리어 우먼의 느낌을 주고 싶다면 바지 정장을 선택 한다.

■ 컬러
세련되고 차분한 이미지를 위해서는 짙은 회색이나 검정색을, 신뢰감을 주기 위해서는 베이지색이나 브라운 톤으로 매치한다.

■ 라인
복잡한 장식이 들어간 것보다는 심플한 라인의 정장이 한결 세련되어 보인다.

■ 핸드백은 커리어 우먼의 이미지가 풍기는 숄더백을 선택한다. 장식 없이 심플한 디자인이 좋으며, 컬러는 블랙, 브라운이 무난하다.

■ 구두
정장 스타일에 무난하게 신을 수 있도록 50~70mm 굽의 구두가 적당하다. 의상과의 매치가 중요하고, 새 신발이 아니더라도 깔끔하게 손질을 해서 신는 것이 좋다.

출처: 금강제화

3. 면접을 위한 성공전략

짧은 시간 안에 질문 몇 가지로 당락이 결정되는 것이 면접이다. 주어진 시간 안에 자신의 입사 의지를 전달하기 위해서는 효과적으로 자신을 표현하는 연습이 필요하다.

실제로 면접실에 들어가면 엄숙한 분위기에 자신도 모르게 주눅이 들어 머릿속의 생각들을 제대로 표현하지 못하고 나오는 경우가 많다. 자신의 재능과 열정을 100% 발휘하기 위해서는 예상 질문을 만들어 충분히 연습하도록 한다. 합격하는 면접의 정답은 없지만 왕도는 있다.

가. 자기 자신 대해 잘 파악하라

"자신에 대해 소개해 보십시오."인사담당자들이 가장 먼저 혹은 가장 많이 물어보는 질문이다. 가장 쉬운 질문이지만 당락을 결정짓는 중요한 질문이다. 자기소개를 정확하게 하기 위해서는 자기 자신을 정확하게 알고 있어야 한다. 따라서 면접에 들어가기 전 자신의 수준이나 성격의 장단점, 능력과 열정 등을 객관적으로 분석해서 정리해 두어야 한다.

나. 지원한 회사에 대해 사전 조사를 하라

면접을 하기 전 지원한 회사에 대해서 철저히 조사해둔다. 회사의 연혁, 대표자의 약력과 경영 철학, 회사가 요구하는 인재상, 최근 사업 분야 등 회사에 대한 정보를 파악하고 있어야 한다. 지원한 분야와 업무에 대한 생각을 정리해 두면 답변 때 많은 도움이 된다.

다. 핵심적으로 말하는 기술을 익혀라

면접관은 지원자에게 질문을 함으로서 명쾌하게 의사를 전달하여 원하는 결과를 도출해 내는 능력을 파악한다. 그러기 위해서는 나타내고자 하는 주제에 대해 정확하게, 핵심만 말해야 한다. 대부분의 회사 면접은 3분 이상 주지 않는다. 이렇게 짧은 시간동안 자신의 모든 것을 보여주려면 평소 정확하게 말하는 연습을 해야 한다.

라. 연습은 실전과 같이 하라

면접을 보기 전 면접에 대한 질문 중 해당 기업과 업종의 특성을 감안한 질문들을 준비하는 것이 좋다. 인터넷 취업 사이트나 면접 정보를 통해 면접의 동향을 파악하고 어떤 방식으로 면접에 임할지 전략을 세워두도록 한다. 미리 예상 질문 리스트를 뽑고 답변까지 준비하면 실제 면접 때 당황하지 않고 자신감 있게 대처할 수 있다.

마. 시사상식을 준비하라

최소한의 시사 상식을 알고 가는 것이 좋다. 시대감각과 재치를 보는 시사성이 강한 질문을 받을 수 있기 때문이다. 선배들의 조언을 들으면 좋고 공통 관심사에 대해서는 인터넷으로 사전에 준비하는 것이 좋다. 면접 당일 날 조간신문을 읽고 헤드라인을 머릿속에 잘 정리해 두는 것도 효과적인 방법이다.

제3절 호감을 주는 면접화법

1. 대화 기술

커뮤니케이션의 기본은 대화예절에 있다고 해도 과언이 아니다. 의사를 효과적으로 교환하려면 먼저 상대방에 대한 깊은 신뢰가 바탕에 깔려 있어야 하고 이것이 대화 시 드러날 때 그 기대하는 바를 얻을 수 있다. 자신이 제대로 이해하지 못하는 말을 무리하게 사용한다든가 유행어를 함부로 사용한다든가 하면 경박해 보인다. 면접관에게 호감을 주기 위해서는 평소 자신의 언어를 조리 있게 구사하는 연습이 중요하다. 면접을 통과하기 위한 요령을 알아보자.

가. 미소 띤 얼굴로 면접관의 눈을 응시하라.

시선은 상대방의 얼굴에 둔다. 주위를 두리번거리거나 대화 중 창문 등 엉뚱한 곳을 뚫어져라 응시하는 것은 자신감이 없어 보인다. 눈을 마주치는 것은 지원자의 자신감과 집중력을 나타내므로 면접관이 말을 하는 동안 부드러운 시선으로 응시하도록 한다.

나. 말끝을 분명히 하라.

말끝을 흐리지 않고 분명하게 말하도록 한다. 말끝이 사라져버리는 대화는 다른 사람에게 어두운 인상을 준다. 입 속에서 중얼중얼하다가 언짢은 것처럼 이야기하는 사람이 많다. 우물쭈물하지 말고 말끝에 힘을 주어 분명하게 말하는 태도를 평소에 연습하자.

다. 올바른 경어를 사용하라.

속어, 비어, 유행어 사용을 센스와 개방성, 의식의 참신함을 드러내는 일로 오해하는 사람들이 있다. 그러나 면접장은 격식을 차려야 하는 자리이므로 품위 있는 언어를 사용하는 것이 좋은 대화법의 제1원칙. 면접관에게 기본적인 경어 사용법도 모른다는 인상을 주지 않도록 주의하여 대답하도록 한다.

라. 천천히 그리고 또박또박 말하라.

말은 천천히, 그리고 적당히 낮은 톤으로 하는 것이 좋다, 이러한 태도는 면접관에게 침착하다는 인상을 줄 수 있다. 높은 톤으로 빨리 말하면 가벼운 인상을 줄 수 있으므로 흥분하지 말고 자연스럽게 대화에 임하도록 한다. 발음은 훈련에 의해 개선이 가능한 만큼 적절한 속도로 분명하게 말하는 연습을 한다. 소리 내 책 읽기를 반복하면 도움이 된다.

마. 자신감이 넘치는 큰 목소리로 대답하라.

목소리는 자신감이 드러나도록 힘차게 한다. 너무 작은 목소리로 중얼대듯 이야기하면 좋은 인상을 줄 수 없다. 다만 경망스러울 정도로 너무 커서는 안 된다. 긴장하는 모습이 밖으로 드러날 것 같은 경우에는 '…습니다.' '…입니다.' 등의 어미에 힘을 넣도록 한다. 어미를 명확히 하는 것만으로도 다소 긴장된 표정을 감출 수 있다.

2. 효과적인 답변 자세

면접장에 들어서면 당연히 긴장되기 마련이다. 더구나 자신의 인생을 결정지을 수 있는 평가를 받는 입장에서는 실수하기 쉽다. 그러나 자신 뿐 아니라 다른 모든 지원자도 똑같은 마음으로 지원하므로 편안한 마음으로 질문에 대답하도록 한다. 인상적인 답변은 좁은 취업문을 활짝 열어줄 것이다.

가. 질문의 의도에 정확한 답변한다.

면접관의 질문 의도를 정확히 파악해 그에 알맞은 답변을 해야 한다. 면접관이 추가 질문하지 않도록 의도를 정확히 이해하고 답변해야 한다. 또한 면접위원의 질문내용이 정확히 이해되지 않거나 내용을 분명하게 듣지 못했을 경우에는 다시 물어 정확한 내용을 알고 나서 그에 알맞은 답변을 해야 한다.

이때에도 면접위원의 이야기를 끝까지 듣고 답변해야 하며, 질문이 떨어지자마자 반사적으로 답변한다든가, 아니면 면접위원의 이야기를 끊어가며 답변을 하는 일이 없도록 주의해야 한다.

나. 결론부터 간략하게 답변한다.

자신의 의지나 생각을 상대에게 전달하기 위해서는 먼저 자신이 무엇을 말하고자 하는가를 분명히 해야 한다. 따라서 답변을 할 때는 질문에 대한 결론을 먼저 이야기하고 그에 따르는 설명과 이유를 덧붙이면 논지가 명확하게 되고 이야기도 깔끔하게 정리된다.

답변은 가급적 요점만 정리해서 간단명료하게 해야 한다. 복잡한 설명이 필요한 이야기라 하더라도 중요한 부분만을 간추려 요령 있게 답할 수 있어야 한다. 지나치게 긴 이야기는 면접위원들로 하여금 짜증을 불러일으킬 수 있다.

다. 난처하거나 사소한 질문에도 성의껏 답변한다.

대답하기 곤란하거나 짓궂은 질문을 받게 되더라도 상황에 맞춰 재치 있게 받아넘길 수 있어야 한다. 노골적으로 싫은 표정을 짓거나 불쾌한 표정을 지어서는 안 된다. 그리고 면접위원이 계속 꼬리를 물고 질문을 던질 때는 적절한 대답을 하며 빠져 나오도록 해야 한다.

라. 당황하지 말고 자신감을 갖고 답변한다.

면접관으로부터 질문을 받아 대답을 했으면 일단 그것에 자신감을 가져야 한다. 면접위원이 재차 확인하려 든다고 하더라도 우물쭈물 하거나 당황해서는 안 된다.

면접관이 지원자의 위기관리 능력 파악을 위해 고의로 비위에 거슬리는 질문을 할 경우가 있다. 이 때 흥분하여 횡설수설하지 말고 끝까지 밝은 표정으로 마무리하도록 한다.

3. 면접관에게 호감을 주는 방법

가. 활기찬 분위기를 주도하라.

질문에 답하지 못하는 사람, 한 질문에 한참을 줄줄 늘어놓으면 이야기하는 사람은 좋은 인상을 얻지 못한다. 면접위원이 한 질문의 의도를 정확히 파악하며 요령 있게 정리하여 말한다. 통통 튀는 재치와 활기찬 말투만큼 좋은 자세는 없다.

나. 젊은이다운 패기를 발산하라.

젊은 사람에게는 젊은이만이 가지고 있는 분위기가 있다. 아직도 부모님의 보호에만 익숙해져 있는 철없는 사람, 특별한 실수는 없지만 너무 늙은이처럼 점잔만 빼는 사람, 어느 누구도 좋지 않다. 왠지 패기와 희망이 넘치는 사람에게는 면접위원 쪽에서도 재차 여러 가지를 묻게 된다.

다. 입사 의지를 강조하라.

제2, 제3지망으로 입사의욕이 확실하지 못한 사람은 굳이 말로 표현하지 않았다 하더라도 그 속마음이 은연중에 드러나기 마련이다. 입사지망 욕구가 강하고 목적이 분명한 사람에게는 기업에서도 자연이 높은 점수를 주게 된다. '이 사람은 우리 회사에서 뭔가 해낼 사람이다'라는 기대를 심어줄 수 있기 때문이다.

4. 실전에 대비한 면접 훈련법

면접시험에서는 짧은 시간에 면접위원의 질문에 적절히 응답, 자신의 소신을 밝혀야 하는데, 그러한 기술은 하루아침에 터득되는 것이 아니다. 그러므로 평소부터 다음과 같은 점에 유의해야 한다.

가. 말하고자 하는 바를 마음속에서 정리, 차례를 세워 말한다.
나. 자신에 넘친 어조로 말한다.
다. 말에 억양을 붙여 활기에 넘친 대화법을 쓴다.
라. 말을 끝까지 똑똑하게 발음하는 연습을 한다.

면접일이 다가오면 면접노트를 작성하여 연습을 해 보는 것이 효과적이다. 면접실례와 예상 질문들뿐만 아니라 최근 면접경향까지 빠짐없이 기록하도록 한다. 면접노트에 관련내용이 빠짐없이 차곡차곡 정리되고 있다면 다음으로는 실제 상황처럼 답변을 하는 연습이 필요하다.

처음엔 혼자서 거울을 보고 자연스럽게 연습하는 것이 좋다. 이를 통해 웬만큼 자신이 생기면 면접을 준비하는 동료들과 함께 모의 면접을 실시하도록 한다. 이때에는 개별면접, 집단면접, 집단토론 등 면접방식에 따라 연습을 하는 것이 바람직하다. 면접을 준비하는 동료들과의 모의면접은 표현방법을 길러줄 뿐만 아니라 표현의 폭을 넓힐 수 있다는 점에서 꼭 필요한 연습방법이다.

마지막으로는 전문 강사나 부모님 앞에서 면접훈련을 해 볼 필요가 있다. 어색할 경우에는 선배도 괜찮다. 이 과정은 예의범절과 경어 사용을 완벽하게 익히는데 꼭 필요하다.

사례

"20代 창업 도와 드려요"
중기청 '청소년 비즈쿨' 기업가 정신교육
대학생 창업아이템 선정해 연구비 지원도

20대 창업에 대한 지원도 활발하다. 중소기업청은 2002년부터 일선 초·중·고등학교를 대상으로 기업가 정신에 대해 교육하는 '청소년 비즈쿨' 프로그램을 진행 중이다. 실물 경제와 성공한 CEO의 사례를 담은 교육 자료를 제공하고, 일선 교사들에 올바른 경제교육 방법에 대해 강의도 한다. 초기에는 15개 학교를 대상으로 프로그램을 진행했지만, 올해는 80여개 학교를 대상으로 늘렸다. 학생들은 벼룩시장을 열어 물건을 사고 팔며, 실물 경제에 대한 감각을 익히게 된다.

중기청은 올해로 10년째 대학생들이 제안한 창업 아이템을 선정해 1년에 한번씩 연구 개발비를 지원하고 있다. 올해는 55개 정도의 아이템을 뽑아, 1건당 400만~800만원까지 지원할 생각이다. 또 1년에 2차례 창업 동아리 학생들이 성공한 중견기업 CEO를 만날 수 있는 기회도 마련하고 있다.

중기청 이시희(43)창업교육 담당 연구관은 "창업교육을 받은 학생들은 문제를 보다 능동적이고 주체적으로 풀어 나간다."며 "이런 마음가짐이 실제 창업을 하는데 큰 도움이 된다."고 말했다.

출처: 조선일보 2007년 6월 22일

제13장 나를 작성하라

제1절 자기소개서

1. 자기소개서란 무엇인가?

자기소개서란 특별한 목적을 가지고 자신을 소개하는 글을 말한다. 이력서, 성적증명서, 경력증명서, 자격증명서 등과 함께 취업을 목적으로 제출하는 서류 중의 하나이다. 따라서 자기소개서는 이력서나 경력증명서에서 보여주지 못한 자신의 특성을 상세하게 보여주는 역할을 한다.

이력서가 개인을 개괄적으로 이해할 수 있는 자료라면, 자기소개서는 다른 사람에게 '나'의 능력을 객관적으로 보여주는 글이다. 그래서 인사 담당자는 자기소개서를 통해 지원자의 가정환경이나 성장과정, 성격, 대인관계, 창의성 등을 파악하게 된다. 이렇게 자기소개서는 지원자의 능력을 구체적이고 실질적으로 파악하는 필수 문서이므로 취업 준비생들이 가장 신경을 써야 할 부분이다.

입사를 준비하는 취업 준비생 뿐 아니라 경력사원 역시 자기소개서를 통해 자신의 경력을 평가받기 때문에 이 문서의 중요성은 아무리 강조해도 지나침이 없다.

2. 자기소개서의 중요성

최근 입사를 위해 제출한 이력서와 자기소개서를 보면 낙타가 바늘구멍에 들어가는 것만큼 어려운 일임을 실감하게 된다. 경력직 지원자 뿐 아니라 신입 지원자까지 자신을 어필하는 방법이 상상을 초월할 정도이다. 이는 소수, 수시 채용이 정착된 현 취업시장에서 자신을 좀 더 돋보이게 하지 않으면 그만큼 경쟁력을 상실하게 된다는 얘기이다.

따라서 취업 지원자들은 자기소개서가 합격여부의 결정요건이 될 수 있는 중요한 서류라는 사실을 직시해야 한다. 기본을 지키되 '개성을 살린 자기소개서'만이 산더미처럼 쌓여있는 서류 중에서 살아남을 수 있을 것이다.

학교성적도 우수하고 필기시험도 만족하게 치렀는데도 불구하고 합격하지 못한 응시자들은 자기소개서를 소홀히 하지 않았나 생각해 볼 필요가 있다. 특히 자기소개서는, 서류전형을 통해 직원을 채용하는 기업에 있어서는 합격여부의 결정과정에서 상당히 중요한 역할을 하게 된다.

또한 경력자의 자기소개서의 비중과 중요도 역시 꾸준히 늘어나고 있는 추세이다. 경력 사원의 경우에는 별도의 필기시험을 치르지 않는 경우가 많다. 따라서 학교성적 자료보다 경력사항을 더 요구하게 되고 그만큼 자기소개서의 비중은 다른 어떤 자료보다도 더 중요하게 된다.

3. 자기소개서 평가항목

기업에서 자기소개서를 원하는 이유는, 이력서, 입사지원서 만으로는 평가할 수 없는 지원자의 능력을 보다 객관적이고 세밀히 파악하기 위해서이다. 가정환경과 성장과정을 통해 각 개인의 성격 또는 가치관을 파악할 수 있다. 또한 학교생활이나 동아리 활동을 통해 지원자의 대인관계나 조직에 대한 적응력과 성실성, 책임감, 창의성 등을 평가할 수 있다. 여기서 더 나아가 지원 동기를 통해 지원자의 능력 여부와 장래성을 종합적으로 판단한다.

가. 성장과정을 통해 '사회의 적응성'을 알 수 있다.

인간은 사회적인 동물이기 때문에 어떠한 환경에서 어떻게 성장했는가 하는 것은 그 사람의 성격 형성에 상당한 영향을 미친다. 따라서 기업은 자기소개서를 통해 지원자가 어떠한 환경 속에서 성장했으며 그 환경이 자아형성에 어떠한 영향을 미쳤는지를 파악하고자 한다.

수험생의 가족구성단위, 형제들의 나이 차이, 학창 생활에 대한 이야기를 통해 수험생들이 얼마나 조직의 일원으로서 집단속에서 융화하고 규율을 지키는지를 짐작할 수 있을 것이다.

또한 자기소개서는 지원자의 '공적인 개인사(個人史)' 이기 때문에 입사한 뒤에 어떤 상황이 닥칠 때 어떻게 대처할 수 있을 것인가를 미리 짐작해 볼 수 있는 지표가 된다.

나. 지원 동기를 통해 '장래성' 을 알 수 있다.

어떤 동기로 지원하게 되었고 입사 뒤에는 어떤 이상적인 성취 욕구가 있는가를 알면 그 사람의 장래성 여부를 알 수 있다. 경력 사원의 경우 과거의 경력이나 회사 생활을 통해 어느 정도 발전할 수 있는 그릇이 될지 가늠할 수 있게 된다. 자기소개서에 입사동기가 설득력 있고 명확하게 나타나면 일단 그 사람은 가능성이 있다고 판단하게 되므로 자기소개서의 지원 동기는 어떠한 항목보다 중요한 항목이 될 수 있다.

다. 문장력과 필체를 통해 '사고능력' 을 알 수 있다.

기업에서는 지원자의 문장 능력을 통해 어느 정도의 사고 능력으로 업무를 처리할 수 있는 사람일 것인가에 대한 판단을 비교적 정확하게 할 수 있다. 그래서 인사담당자들은 자기소개서를 통해 문장의 표현, 구성, 정리능력, 자신을 표현하는 요령 등을 평가한다. 사회에서의 공식적인 의사전달은 주로 문서의 작성에 의해서 이루어지기 때문에 지원자의 생각을 글로 표현할 수 있는 능력을 파악하고자 하는 것이다. 또한 필체는 시각적으로 호감을 주는 외에 성격까지 파악할 수 있으므로 시험관은 자기소개서를 통해 이를 평가하게 된다.

좋은 문장력을 가진 사람은 사고 능력이 뛰어나다고 판단하기 때문에 자기소개서를 작성할 때 문장과 필체에 신경을 써야 한다.

4. 자기소개서의 구성

가. 효과적인 자기소개서의 분량은?

대부분 자기소개서는 200자 원고지 6매(A4용지 1~2장) 정도가 적당하다. A4 1~2장만으로 한 개인의 모든 것을 평가할 수는 없지만 자기소개서를 작성하기 위해 선택한 단어나 소재를 통해서 지원자의 인간 됨됨이를 미리 짐작해 볼 수 있다.

나. 자기소개서의 내용 구성은?

자기소개서에 들어가야 할 내용에는 성장과정, 경력 및 특기사항, 입사지원 동기, 장래포부 등이 있다. 자기소개서의 내용을 구성할 때에는 지원 회사의 인재상을 미리 살펴본 후 그에 적합한 내용으로 자신의 개성을 드러내어 회사에 꼭 필요한 인재임을 인식시키도록 해야 한다.

다. 헤드라인 형식

자기소개서를 작성하다 보면 하고 싶은 얘기가 많을 것이다. 인자한 부모님 얘기, 나쁜 길로 안 빠지고 역경을 잘 헤쳐 나온 얘기, 잘 나가던 학창시절 얘기. 그러나 인사담당자가 수많은 응시자의 가족사와 개인 자서전에 대해 구체적으로 알고자 하지는 않는다. 입사에 도움이 될 수 있는 중요한 사항만 적어야 한다.

그러나 기계적으로 나열하는 소설 형식이 아니라 중간 중간에 헤드라인을 삽입하여 강조점을 두는 것이 좋다. 인사담당자가 하나의 자기소개서를 검토하는 시간은 많지 않다는 점을 명심해야 한다.

라. 추상적인 표현을 자제하라

차별화된 자기소개서를 위해서는 뛰어난 외국어 능력, 공모전 수상 경험 등 장점이 될 만한 것을 객관적으로 강조해야 한다. 단점도 기술하되 이를 극복하기 위한 노력도 함께 서술한다. '열심히', '최선을 다해', '몸 받쳐 충성을' 같은 흔해빠진 표현은 삼가 해야 한다. 이런 추상적이고 진부한 표현보다는 ○○공모전에서 ○○수상을 했고 ○○자격증을 가지고 있다는 구체적이고 객관적인 내용이 인사담당자에게 더욱 설득력을 갖게 한다.

마. 기업문화 파악

지원하는 기업의 고유문화를 파악할 필요가 있다. 근면과 성실을 중요시한다면 그에 맞는 자신의 경험, 경력을 강조한다. 반면에 창의력과 아이디어를 존중한다면 튀는 카피에 일러스트, 음성이 곁들여진 파격적인 형식도 가능하다. 기업문화를 알기 위해서는 해당 기업의 홈페이지는 물론이고 보도 자료도 검색할 필요가 있다. 기업이 제시하는 인재상은 너무나 추상적인 경우가 많지만 이를 활용하여 서술한다면 분명 인사담당자에게 호감을 줄 것이다.

바. 구체적인 경력표현

기업에서는 입사 즉시 업무에 투입할 수 있는 인재를 원한다. 때문에 지원분야와 연관 있는 아르바이트나 인턴 경험, 또 직장 경험에서 어떤 파트에서 어떤 업무를 수행했는지 구체적이고 적극적으로 묘사한다.

"아주 열심히 했다" 라고 쓰는 것은 효과가 없다. 구체적으로 자신이 있음으로 해서 얻어낼 수 있었던 성과의 과정을 에피소드 형식으로 묶는다.

사. 입사 후 포부

비전이 없는 지원자는 단순히 취업을 위해 지원했다는 인상을 줄 수 있다.

때문에 지원하는 업종, 특성을 고려해 자신의 비전을 분명히 제시하고 입사 후 자신의 꿈을 이루기 위해 어떠한 자세로 임할 것인지 구체적으로 설명한다. 지원자가 작성한 비전에서 기업은 지원자의 발전가능성, 잠재 능력, 장래성 등을 판별한다.

아. 지원동기 강조

자기소개서에 들어가는 내용은 거의 비슷하다. 성장과정, 성격, 학교생활, 지원동기, 입사 후 포부 정도이다. 그러나 이 중에서 입사동기를 강조하는 것이 가장 중요하다. "왜 이 회사에 들어가려고 하는지", "왜 회사가 나를 뽑아야 하는지"에 대해서 설명해야 한다. "모든 일에 최선을 다할 자신이 있다."라는 말보다는 "최근 회사가 이러한 경영 지침을 갖고 있는데, 그 과정에서 자신이 구체적으로 이런 면에서 어떠한 성과를 낼 수 있다"라는 내용으로 작성한다. 만일 중국으로 최근 생산라인을 이전하고 있는 회사라면, 중국에 보다 구체적인 비전이 있는 지원자에게 더욱 주의를 기울일 것이다.

5. 자기소개서 작성 시 주의사항

자기소개서에는 모범답안이 없다. 자기소개서는 일정한 양식이 정해져 있지 않기 때문에 굳이 어떠한 틀에 얽매이지 말고 한가지의 테마 내지는 핵심을 잡아 자신의 개성과 장점을 최대한 살려 기술해 가는 것이 효과적이다.

자기소개서는 인사담당자들이 가장 먼저, 또 주의 깊게 보는 서류이므로 자신의 모든 것을 빠짐없이 기록하여 최대한 자신을 PR할 수 있도록 해야 한다.

가. 개성 넘치는 제목으로 승부하라.

자기소개서의 주요 내용과 맞게, 자신이 가장 어필하고 싶은 부분을 집약된 문구로 표현하여 준다. 자신의 좌우명이나 성현의 말씀 등을 인용하면서 색다른 표현으로 시작하는 것이 좋다. 자신만의 색깔을 드러낼 수 있는 참신한 제목을 붙여야 더욱 빛이 날 것이다.

예를 들어, 철학과를 졸업하고 광고홍보학과 대학원을 졸업한 지원자가 있었다. 그는 컴퓨터 동아리, 증권투자 카페 시삽의 다채로운 이력을 가진 지원자이다. 그러나 한 우물을 파 온 지원자가 아니라 자기소개서 내용 역시 산만할 수밖에 없었다. 그러나 그의 단점을 장점으로 바꾸어 준 제목 한 줄 그의 자기소개서 제목은 '지식의 퓨전'이었다.

'말 한마디가 천 냥 빚을 갚는다.'는 말이 있듯 적절한 제목은 두서없는 내용, 산만한 경력을 한꺼번에 모아주는 효과를 준다.

나. 개성을 살리되 기본을 지켜라.

회사에서 독특한 형식의 자기소개서가 인사담당자의 관심을 산다고 하더라도 자기소개서의 기본은 잃지 말아야 한다. 지나치게 형식에 치중하다 보면 자기소개서를 작성하는 목적을 잃어버리는 경우가 있다.

자기 소개서에서 반드시 포함되어야 할 내용은 성장배경, 지원 동기와 희망업무, 업무와 관련된 경력사항, 앞으로의 포부이다. 자신이 드러내고 싶은 부분을 강조하여 기술하되 기본적인 항목은 빠뜨리지 않도록 주의해야 한다.

다. 맞춤 자기소개서를 써라.

'구슬이 서 말이라도 꿰어야 보배다.'라는 속담이 있듯이 아무리 좋은 자기소개서라도 지원하는 회사와 전혀 관계가 없는 글이라면 서류를 제출하는 의미가 없다. 따라서 지원하는 회사의 업종, 기업 윤리, 기업 문화 등을 미리 조사한 후 그것에 맞추어 살을 덧붙여 나가는 것이 좋겠다. 자기소개서를 작성할 때에는 지망회사의 성격이나 업무내용에 따라 내용을 조정하는 융통성이 필요하다.

언론사나 방송사의 경우에는 우등상보다는 번뜩이는 재치와 창의력, 대내외의 활발한 활동이 돋보일 것이고, 일반기업의 경우라면 업무능력과 연관한 활동 내용과 성실성이 높은 점수를 받을 수 있을 것이다. 똑같은 내용의 자기소개서보다는 지원 분야에 따라 그 특징에 맞게 2~3 종류의 자기소개서를 준비해두는 것이 좋다.

라. 실무 경력을 강조하라.

경력자의 경우에는 성장과정이나 성격과 같은 기초적인 내용보다는 실제 업무 경험 및 능력이 중요하다. 실제 경험했던 업무 내용을 위주로 기술하고 처리 가능한 업무범위 처리능력을 상세히 기술해주도록 한다. 신입의 경우 지원회사의 업무와 직접적인 연관이 있는 경력이 부족하므로 학교생활이나 아르바이트 활동 등을 통해 지원회사의 업무를 수행할 수 있는 능력을 키웠다는 것을 강조하면 된다.

경력사항에 대한 내용이 빠져있거나, 지원한 업무와 관계없는 경력만을 늘어놓는 자기 소개서는 서류 심사 시 감점의 요인이 된다. 지원한 회사와 관련 있는 주요한 경력만을 선별해 적는 것이 현명한 방법이다.

마. 솔직하고 과장되지 않게 작성하라

외국어 능력, 컴퓨터 활용 능력 등 장점이 될 수 있는 것은 객관적, 구체적으로 PR한다. 하지만 PR을 적극적으로 한다고 지나치게 과장하는 것은 금물. 성격과 같이 채점하기 어려운 점들은 혹 단점이라 할지라도 솔직하게 시인하고 이를 극복하기 위한 노력들을 밝혀주는 것이 오히려 좋다.

미사여구로 포장된 과잉 치장은 피하고, 인사담당자의 흥미를 유도할 수 있도록 도입부분에 구미가 당길만한 경력이나 특기를 적는 것이 좋을 것이다.

바. 초고를 작성하여 써라

충분한 시간을 갖고 미리 작성해 둘 것. 자기소개서는 초고 작성 후 여러 번 반복해서 읽으며 내용을 수정, 보완하여 최종 작성하는 것이 좋다. 이는 깔끔하고 깨끗하게 작성하여야 된다는 말이기도 한다.

자기소개서에서 오타는 치명적. 자주 쓰는 맞춤법을 틀리면 응시자의 국어실력을 의심받게 될 뿐더러, 띄어쓰기를 잘못한 경우는 문법적인 사항을 제쳐두고 일단 읽기가 어려워지기 때문에 채점관의 눈에 거슬릴게 분명하다.

수정할 부분이 있을 때에는 여기저기 뜯어고친 흔적이 없게 하고, 충분히 연습하여 써야 한다. 오, 탈자가 눈에 띄지 않도록 충분한 시간을 가지고 수정한 후 완벽한 서류의 형태로 제출하도록 한다.

6. 자기소개서에 필요한 문장 요건

자기소개서는 격식에 맞추어 작성하는 공적인 문서이므로 최대한 예의를 갖추어 작성해야 한다. 평소의 말 습관이 자기소개서에 드러나지 않도록 단어 하나를 선택할 때도 신중하게 생각한 후 작성하도록 한다.

가. 논리적인 문맥의 연결

자기소개서는 주장하는 논리가 분명해야 한다. 그래서 많이 사용하는 원칙이 '①.①.②.④.② 원칙'. 전체를 ⑩으로 볼 때 성장과정의 중요도가 ①이라고 하면, 성격은 ①, 학교생활 ②, 지원동기 ④, 입사 후 포부를 ② 정도로 배분하는 것이 좋다.

'내가 왜 이 회사에 입사하려고 하는지,' '내가 왜 이 직종을 택했는지'에 대한 이유를 적고 그렇게 하기 위해 학창 시절에 얼마나 노력했는지를 밝히고, 입사 후 하고 싶은 일에 대한 포부를 적어주면 된다.

나. 반복되는 말의 회피

같은 말을 여러 번 반복하게 되면 할 말이 별로 없는 지원자라는 인상을 심어 줄 수 있다. 될 수 있으면 중복되는 말은 자연스럽게 피하는 것이 좋다. 필요한 자리에 필요한 만큼의 말만 쓰는 것이 문장을 간결하게 하는 요령이다. 불필요한 말이 많은 것은 전달하고자 하는 내용의 취지를 흐리게 할 수 있다.

이러한 실수를 하지 않기 위해서는 문장을 서술할 때 최대한 간결하게 표현하는 것이 좋다.

다. 주장의 타당성

타당성이란 주장하는 내용의 근거나 이유가 얼마나 보편성 또는 설득력을 가졌는가를 말한다. 예를 들어 '저는 귀사에 입사를 원한다.' 라고 한다면 '원하는'이유에 설득력이 있어야 한다. 그리고 그 설득력은 보편성을 가져야 한다. '나는 대학원을 졸업했으므로 입사를 원한다.'라든지 '전공과목과 일치하므로 입사를 원한다.'는 식의 이유는 적절하지 않다.

자기소개서의 문장은 논리적인 구조로 짜여 있고 전체적으로 설득력을 가져야 한다.

라. 표현의 일관성

흔히 문장의 첫머리에서는 '나는 ~ 이다.'라고 했다가 어느 부분에 이르러서는 '저는 ~ 습니다.' 라고 혼용하는 경우가 있다. 그 어느 쪽을 쓰든 한 가지로 일관되게 통일해서 써야 한다.

동일한 대상에 대한 반복 표현을 피하기 위해 다양한 표현을 쓰는 것은 좋으나 호칭이나 종결형 어미, 존칭어 등은 일관된 표현을 쓰는 것이 바람직한 글쓰기의 방법이다.

7. 제출 전 체크 사항

잘 쓴 자기소개서란, 전달하려는 메시지를 정확하고 쉽게 이해할 수 있도록 작성한 것을 말한다. 자신이 말하려 하는 내용을 가장 '정확하게', 가장 '알기 쉽게', 가장 '단순하게', 가장 '근소한 언어로써' 말할 수 있다면, 그것은 자기소개서를 작성함에 있어 가장 뛰어난 문장이라 할 수 있다.

이는 한 마디로 말해, 읽기 쉽게 작성하는 것이 자기소개서를 잘 쓰는 비결이라는 것이다. 그러기 위해서는, 문장을 간결하고 명료하게 하는 것이 선결과제이다. 아래의 사항을 꼼꼼히 체크해 보고 자기소개서를 제출하기 전 더욱 완벽한 서류의 형태를 갖추어야 한다.

가. 간결하고 정확한 문체를 사용했는가.

문장이 길어지면 산만해지기 쉽고, 읽는데 부담을 느끼게 된다. 자기소개서에는 과다한 수사법이나 추상적 표현을 피하고 간결한 문체의 단문을 사용하는 것이 좋다. 접속조사, 복문, 수식어가 겹치거나 한 문장에 여러 요소가 중복되면 무슨 말인지 알 수 없는 글이 된다.

문장을 간단명료하게 작성하는 것이 좋은 자기소개서를 만드는 첫 번째 요건이다. 능동태와 피동태를 혼동하여 작성하거나 격을 적절하게 활용하지 못하는 경우도 적지 않다. 이렇게 사소한 부분에서 실수하지 않도록 세심하게 주의를 기울여야 한다.

나. 개성 있게 작성했는가.

자기소개서 작성 시 개인의 성장과정이나 생각 등을 적어 내려가다 보면 자칫 천편일률적인 내용이 되기 일쑤여서 읽는 사람이 지루해지기 마련이다. 수많은 응시자의 자기소개서 가운데 눈에 띄게 하기 위해서는 독특하게 작성할 필요가 있다. 특히, '끼'와 독창력을 중시하는 광고사 등의 회사에서는 이와 같은 개성을 일순위로 꼽고 있는 만큼 다양한 자기소개서의 형식과 문체의 연구가 필요하다.

다. 사족(蛇足)을 없애고 꼭 할 이야기만 했는가.

언급해야 될 내용은 다 쓰되 너무 장황하게 늘어놓아서는 안 된다. 자칫 집중력을 흐릴 소지가 있기 때문이다. 또한 어느 한 가지 사실에 연연하는 것도 피하는 것이 좋다. 응시 업종과 관련 있는 사항을 중심으로 일관성 있게 적는 것이 효과적인 자기소개서 작성법이다.

수사나 비유 등 기교의 남발은 오히려 생각을 분산시킬 뿐이며, 외래어나 한문은 꼭 필요한 곳에만 적절하게 사용하는 것이 문장의 흐름에 도움이 된다.

입사지원서의 뒷면 또는 별지를 이용해 자기소개서를 작성하게 되어 있는 곳이라면 그에 따르고, 그렇지 않은 경우 대개 2백자 원고지 6매 정도의 분량이 적당하다.

라. 진솔(眞率)하게 작성했는가.

긍정적인 사고 범위 내에서 진솔하게 작성했는지 스스로 평가해 본다. 자신을 돋보이게 하기 위해 허위 또는 과장된 사실을 기재한다거나 부정적인 인생관, 사회관을 감추기 위해 말을 꾸미다 보면 면접 중에 불안감만 가중될 뿐이다. 누가 보아도 타당한 사실들을 기재하도록 하며 가급적 미사여구는 피하도록 한다.

마. 충분한 시간을 갖고 미리 작성했는가.

서류제출 마감시간에 임박해서 허겁지겁 자기소개서를 작성하는 이들이 많은데 결코 바람직한 태도가 아닙니다. 초고 작성 후 여러 번 반복하여 읽으면서 내용과 문장을 수정 보완한 후 최종 작성하는 것이 좋다. 수정할 부분이 있을 때는 새로 작성함으로써 여기저기 뜯어고친 흔적이 없도록 하며 오자나 탈자에도 주의해야 한다.

정성 들여 깨끗이 쓰되 글자를 너무 빽빽하지 않게 적는 것이 보기에도 좋으며 시각적 여유를 두고 미리 작성해 두면 깨끗하고 내용에도 충실한 자기소개서가 될 수 있을 것이다.

※ 자기소개서의 내용 체크포인트

Check 1. 어떠한 성격의 소유자인가?
Check 2. 전공은 무엇이었으며 얼마만큼의 실력을 배양했는가?
Check 3. 전공 외에 관심을 두고 있는 것은 무엇인가?
Check 4. 업무에 쉽게 적응할 수 있는가?
Check 5. 비전을 가지고 있는가?
Check 6. 조직과 융화될 수 있는 사람인가?
Check 7. 사물을 긍정적으로 바라보는가?
Check 8. 소신과 주관이 있는가?

※ 자기소개서의 문장력 체크포인트

Check 1. 사고력이 있는가?
Check 2. 창의력이 있는가?
Check 3. 개성이 있는가?
Check 4. 꾸밈이나 거짓은 없는가?
Check 5. 표현력이 있는가?
Check 6. 맞춤법에 신경 썼는가?

ex) 자기소개서 / 사무관리

(1) 좋은 포도주는 간판이 필요 없습니다!

진정으로 좋은 포도주는 간판을 필요로 하지 않습니다. 그 좋은 포도주를 차지하고자 하는 사람은 이미 그 진가를 알고 있기 때문입니다. 지금 저 또한 숨겨진 저의 진가를 찾아 줄 곳을 찾고 있습니다.

(2) 자립형 인간

"자는 자립이 중요하다'라는 아버지의 가르침으로 혼자 일을 하면서 공부를 하였습니다. 물론 그 과정에서 시행착오도 겪었지만 소중한 경험이라고 생각하고 열심히 살고자 노력하였습니다. 학교생활을 하면서 군대 생활을 하면서 느낀 점은 '세상에는 나보다 안 된 사람들이 있다.'라는 것입니다. 그 사람들과 같이 힘든 일도 겪었지만 주어진 자리에서 최선을 다한다면 소귀의 목적을 달성할 수 있다는 것을 새삼 깨달았습니다.

(3) 부드러운 리더십

대학생활은 응원단을 하여 적극적인 학교생활을 하였습니다. 친구들과 선후배와의 많은 교류를 통해 대인관계의 중요성을 알게 되었고 그 대인관계를 유지하면서 사람들을 리드하는 편이었습니다. 인물형으로 말하면 참모형보다는 리더형에 가깝고 무엇보다 남을 이해하려고 노력하는 성향입니다. 세상은 남과 더불어 살아가는 것이기에 역지사지의 마음가짐을 갖고 살아가고 있습니다. 단점으로는 무언가 하나를 배우거나 시작하면 다른 일들을 간과하는 경향이 있습니다.

(4) 스마일 일터

군 입대 전 ○○전자에서 사무보조 일을 하였습니다. 또 군대 생활에서는 행정병을 하여서 사무나 행정파트의 일을 해보고 또 배우고 싶습니다. 배운다는 마음가짐으로 가르쳐 주신 것을 십분, 아니 그 이상 발휘 할 수 있도록 제 스스로 부족한 부분은 채우면서 일을 배우고 싶습니다. 그리고 아직은 부족한 점이 많지만 맡겨주신 일에는 최선을 다해 그 임무를 꼭 완수 할 수 있도록 경주 할 것이며 특히 웃으면서 일을 할 수 있도록 그 분위기를 잡도록 하겠습니다.

(5) 군인 정신으로

컴퓨터 활용 부분으로는 군대에서 행정병이었기 때문에 한글편집이나 문서작성에 자신이 있습니다. 모든 일에는 순리가 있다고 생각합니다. 비록 제대는 했지만 군인정신으로 모든 일을 해 나간다면 못 할 일이 없다고 생각하기에 전 그 마음가짐으로 일을 할 것입니다.

제2절 이력서

1. 이력서 작성의 원칙

가. 간결한 이력서가 보기에도 좋다.

이력서는 인사담당자들이 가장 먼저 주의 깊게 보는 서류이므로 자신의 모든 것을 빠짐없이 기록하여 최대한으로 자신을 나타낼 수 있어야 한다. 그러나 장황하게 늘어놓거나 추상적인 내용은 절대 금물이다. 자신의 이력을 빠짐없이 기록하되, 간결하면서도 일목요연하게 써야 한다.

특히 온라인 이력서 경우에는 최대한 요점만 적어야 웹 특성상 적당히 끊어치는 것도 중요하다는 것을 잊지 말아야 한다. 즉 행갈이를 해야 한다는 것이다. 늘어지는 글은 사람들에게 간결한 요섬을 전달힐 수 없다.

나. 될 수 있는 한글로 쓴다.

이력서는 한글로 쓴다. 괜히 한문이나 영어로 쓰다 틀리면 문제가 된다. 아직도 신입사원 채용을 담당하는 간부들은 한문 구사능력을 실력의 중요한 가늠자로 여기고 있다고 생각하면 오산이다.

그러므로 국, 한문을 혼용하는 것이 좋다. 신경을 써야 할 것은 검정색으로 쓰되 서체는 굴림체나 명조체 등으로 호환이 좋은 것을 선택해야 하며, 또박또박 자필의 경우에는 깨끗하게 써야 하며, 오자나 탈자가 없도록 주의해야 한다.

다. 거짓이 없어야 한다.

자신의 장점을 최대한 살리되, 결코 허위사실이나 과장된 내용을 기재해서는 안 된다. 이는 상당히 중요한 사항으로서 허위사실이 면접과정에서나 입사 후에라도 밝혀지면 입사가 취소되므로 반드시 사실만을 기재하도록 한다.

라. 인물 손상 없는 사진을 붙인다.

자필 국문이력서에는 필수적으로 사진 부착이 요구된다. 사진은 될 수 있으면 최근 3개월 이내에 촬영한 사진을 붙이되, 이력서의 작은 사진부착란에 연연해 사진을 손상시켜서는 안 된다. 조금 넘치게 붙이더라도 인물의 원형이 파손되지 않도록 하여야 한다.

사진은 규격에 맞아야 한다는 것은 옛날이야기이다. 요즘 온라인 이력서의 경우에는 규격을 내려 받게 하고 그것을 토대로 작성해야 한다. 국 영문을 막론하고 이력서에는 필수적으로 사진 부착이 요구된다.

다음으로 주의해야 할 사항은 과거에는 사진의 뒷면을 제거한 후 사진을 붙여 서류가 반듯하지 못한 경우가 있었는데, 최근에는 접착제의 발달로 예전과는 달시 사진 뒷면을 떼지 않고 붙이는 것이 더욱 깔끔해 보인다는 것도 알아두자.

마. 수정한 이력서는 안 된다.

이메일 이력서의 경우에도 남의 HTML문서를 수정할 경우도 간혹 본다. 고치더라도 소스까지 깨끗하게 수정해야 한다. 자필 이력서의 경우에는 글씨가 깨끗하지 못하거나 이곳저곳을 고쳐 지저분한 이력서는 결코 좋은 인상을 줄 수 없다. 가급적이면 미리 다른 곳에 충분히 연습한 후에 이력서를 작성하는 것이 좋다. 부득이한 경우에 수정을 해야 할 경우에는 수정한 부분에 본인의 도장으로 정정하는 것을 잊어서는 안 된다.

바. 좌측상단엔 응시부문, 우측엔 긴급연락처를 쓴다.

대부분의 기업들이 합격 여부나 다른 연락사항을 이메일이나 전화를 이용하여 통보하고 있기 때문이다. 특히 이력서의 이메일 주소가 틀리지 않도록 주의한다. 이력서의 주소지와 현 거주지가 일치하지 않을 경우엔 분명하게 연락 받을 수 있는 곳을 명시하는 것이 좋다.

사. 인적사항을 정확하게 쓴다.

자필 국문이력서의 양식에는 크게 '인사서식 제1호'의 보통 이력서 양식과 기업 자체에서 발부하는 소정양식의 두 가지로 나뉜다. 기업 자체 양식의 경우에는 작성 요령에 대한 안내책자가 함께 배부되므로 지시에 따르기만 하면 된다. 특히 온라인 이력서는 내려 받은 파일이 손상되지 않도록 다른 이름으로 저장해서 사용하다가 최종 점검 후 이메일과 첨부파일로 보내는 것이 좋다.

인적사항은 성명, 주민등록번호, 생년월일, 주소, 호주와의 관계 등이다. 현주소는 통, 반까지 정확히 기재하며, 인적사항이 실제와 다르다 하더라도 주민등록 등, 초본에 기재된 내용과 동일하게 기록해야 한다. 특히 유의할 일은 '호주와의 관계'인데, 이는 호주 쪽에서 본 관계를 말하는 것이므로 자기 쪽에서 본 관계를 쓰는 일이 없어야 한다. 예를 들어 '부', '모'가 아니라 '장남', '차녀', '삼녀' 등으로 기재해야 한다.

아. 학력 및 특기사항을 빠짐없이 쓴다.

학력 및 경력사항은 이력서 내용 중 가장 중요한 부분이다. 학력은 고등학교 때부터 적는 것이 일반적이며, 졸업날짜는 관계서류를 찾아 정확히 기재하는 성의가 필요하다. 남자는 군복무사항을 학력 사이의 해당기간에 넣는 것도 유의해야 한다. 특기사항에는 각종 자격증, 면허증 발급사항 등을 기재하는 것으로 국가가 공인한 자격증만을 적는 것이 좋다.

경우에 따라서는 수상경력이 입사에 장애요소로 작용하거나 미미한 수상경력이라도 지원 회사의 업종과 연관성을 가져 뜻밖의 효과를 볼 수도 있으므로 수상경력을 그때그때 융통성 있게 기재하는 재치도 필요하다.

특히 대부분의 기업들이 컴퓨터와 외국어능력을 중시하기 때문에 컴퓨터·외국어와 관련된 수상경력은 언급해 두는 것이 좋다. 그리고 자신을 돋보이게 할 수 있는 학과 이외 활동을 기재하는 것도 좋은 인상을 남길 수 있는 방법 중의 하나가 된다. 충분한 시간을 두고 작성함으로써 작성과정에서의 사소한 실수로 일을 그르치는 일이 없도록 해야 한다.

마지막으로 구김이나 흠이 없도록 깨끗이 제출하는 것을 염두에 두고 이력서, 자기소개서, 졸업증명서, 성적증명서의 순으로 봉투에 넣어 제출한다.

2. 서류전형을 통과하는 이력서

이력서는 구직자와 구인자를 연결시켜 주는 수단이자 자신을 알리는 광고이기도 하다. 따라서 이력서는 구직자에게 자신의 모습보다 먼저 선을 보이는 지원자 최초의 얼굴인 만큼 정성스럽게 작성해야 한다.

개인에 대한 평가를 단순히 겉으로 드러난 포장에 의존하는 것은 아니지만 자신의 능력을 제대로 표현하지 못해 면접의 기회조차 잡지 못하는 경우도 있다. 특히 소수, 수시채용이 많아지고 있는 현 취업시장에서 보다 자신을 돋보이게 하지 못하면 그만큼 경쟁력을 상실하게 된다.

인사 담당자를 감동시킬 수 있는 이력서가 무엇일까 고민해 보자. 취업을 위한 첫 관문, 이력서 작성 요령을 숙지하여 인사담당자에게 호감을 줄 수 있는 서류를 준비하도록 해야 한다.

가. 간단명료하게 쓴 이력서

인사담당자가 짧은 시간 내에 지원자의 인적 사항에 대해 알 수 있도록 일목요연하게 작성하도록 한다.

출신 학교나 자격증 뿐 아니라 수상경력, 대내외적인 활동 등 자신의 능력이나 장점을 돋보이게 할 수 있는 사항을 기술하여 인사담당자의 시선을 사로잡게 하는 것이 중요하다.

나. 솔직하게 쓴 이력서

자신의 장점을 최대한 부각시키더라도 과장된 내용이나 허위사실을 기재해서는 안 된다.

기업에서는 성실하고 정직한 사람을 필요로 한다. 자신의 능력과 전혀 다른 사실을 과장하여 작성할 경우 입사 후 불이익을 받을 수도 있다. 따라서 자신이 회사에 기여할 수 있는 부분을 솔직하게 밝히고 자신감 있게 기다리도록 한다.

다. 정성 가득한 이력서

이력서는 자기 자신을 직접 소개하는 글이므로 펜으로 직접 작성하는 것이 원칙이다. 하지만 자필로 작성하라는 특별한 언급이 없는 한 워드 프로그램을 사용하는 것이 최근의 경향이다.

지원하는 업종에 맞추어 정성스럽게 이력서를 작성하도록 한다. 매일 수천 장의 이력서를 접하는 인사담당자들은 이력서 한 장만으로도 지원자의 성실성과 개성을 파악할 수 있으므로 성심 성의껏 작성해야 한다.

라. 시간적 여유를 두고 신중하게 쓴 이력서

충분한 시간적 여유를 두고 차분하게 작성해야 내용도 충실해 질 수 있다. 시간에 쫓겨 급하게 작성한 느낌을 주는 이력서는 첫인상을 좋게 만들 수 없다. 지원하는 기업의 성향을 먼저 파악한 후 작성하되 여러 번 검토하여 오자, 탈자 등의 사소한 실수가 없도록 해야 한다.

다른 사람에게 이력서를 검토해 줄 것을 부탁해 자신이 미처 발견하지 못한 부분을 지적 받는 것도 좋은 방법 중의 하나이다.

3. 쓰레기통에 버려지는 이력서

가. 맞춤법과 띄어쓰기가 엉망인 이력서

한 두 개의 오차, 비뚤어진 편집 등 사소한 실수라도 용납되지 못하는 것이 이력서이다. 이력서에서 맞춤법과 띄어쓰기, 편집은 가장 기본적인 사항이다. 아무리 좋은 학벌과 화려한 경력으로 포장된 이력서라고 하더라도 오자, 탈자가 있다면 탈락 1순위이다. 이력서를 작성 한 후 반드시 여러 번 확인하여 수정하도록 한다.

나. 말 안 듣는 이력서

온라인으로 입사 지원을 할 때는 지원 회사의 요구사항에 따라야 한다. 특히 파일 형식이 다를 경우 인사담당자들이 문서를 열어보지 못할 수도 있다.

주요 자격증, 성적 증명서 등을 이력서와 함께 제출하도록 요구하는 기업이 있다. 이때에도 회사의 요구 조건이 무엇인지 확인한 후 이에 맞추어 보내야 한다.

다. 지나치게 화려하게 꾸민 이력서

빈약한 내용을 만회해 볼 생각으로 갖은 그림과 현란한 색깔을 사용한다면 잠깐 눈에 띌 수는 있지만 인사담당자에게 절대 신뢰감을 줄 수 없다. 빈 수레가 요란하다는 인상을 주지 않도록 내용 구성에 더 신경 쓰는 것이 좋다.

라. 희망 직종과 연락처가 빠진 이력서

도대체 어느 부문에 지원하는 지 알 수 없는 이력서, 그리고 연락할 방법이 없는 이력서라면 일고의 여지가 없다. 응시부문과 연락처를 반드시 확인한 후 이력서를 보내야 한다.

마. 스팸 메일 같은 이력서

지원하는 기업에 상관없이 한번 작성해 놓은 이력서를 그대로 보내는 지원자들이 있다. 이런 이력서는 입사 지원자로서 성의가 부족하다는 인상을 줄 수 있다. 지원하는 기업과 업무 영역에 대한 이해는 지원자의 최소한의 매너이다. 무작정 보내는 스팸 메일 같은 이력서라는 느낌을 주지 않도록 각 기업의 특성에 맞춘 이력서 양식을 선택하여 정성스럽게 작성하도록 한다.

4. 항목별 작성요령

가. 인적사항

인적사항은 주민등록상의 내용과 동일하게 기재하고 핸드폰 번호, E-mail 을 반드시 기재하도록 한다. 주소를 기재할 경우 주민등록상의 현주소를 기재하는 것이 원칙이다. 만약 주민등록상의 현주소와 실제 거주지가 다를 경우 반드시 이력서 하단에 실제 거주지를 기록하도록 한다.

나. 사진

이력서에서 인사 담당자의 시선이 제일 먼저 머무는 곳이 바로 사진이다. 그만큼 지원자의 첫인상을 결정한다고 해도 과언이 아닐 정도로 사진은 중요한 역할을 한다. 사진 촬영 시 복장은 정장 차림이 가장 적당하다. 최근 3개월 이내에 촬영한 사진 중 밝고 부드러운 이미지의 사진을 선택하도록 한다.

다. 호적관계

취업준비생들이 가장 쉽게 틀리는 부분이다. 호주와의 관계란 호주 측에서 본 관계를 의미한다. 즉 '장남' '차남'의 식으로 기입해야 한다.

라. 병역 및 보훈사항

남자의 경우 군복무 기간은 학력사항과 함께 연대기 순으로 기록하도록 한다. 병역 면제일 경우 면제 이유도 함께 기재한다.

마. 학력사항

학력은 고등학교 때부터 입학과 졸업 순으로 기재하는 것이 일반적이다. 졸업 예정자는 '졸업예정'이라고 쓴다. 졸업 및 입학 날짜는 졸업장이나 앨범 등을 찾아 정확히 기재하도록 한다.

바. 경력 사항

신입일 경우 배낭여행, 해외 어학연수, 사회 봉사활동, 등 대학에서 작은 동아리 모임의 간부였다면 작은 부분까지 모두 기재한다. 경력사원일 경우 첫 직장부터 연대순으로 경력을 상세하게 기록하도록 한다.

회사명 소속 부서의 직위, 담당 업무, 근무 연수, 특히 수행했던 업무 대략적 개요와 성과도 간략히 기록한다.

사. 개인능력

요즘은 어학 점수와 컴퓨터 활용 능력을 취업준비생들이 기본적으로 갖추어야 할 능력이라고 생각하고 있다. 공인된 어학 점수와 컴퓨터 활용 능력을 기재하면 된다.

아. 자격증

자격증은 자신의 능력을 객관적으로 증명해 보이는 자료이다. 자격증 취득일자와 발령청을 정확히 기입하고, 사본은 증빙자료로 제출한다.

자. 응시(지망)분야 및 희망연봉

자신이 지원하고자 하는 분야 및 희망 연봉은 채용여부를 가리는 중요한 부분이므로 신중하게 작성하도록 한다.

5. 신입 / 경력에 따른 이력서 작성법

가. 신입의 이력서

(1) 자신의 지원 분야를 확실하게 명기하라.

인사담당자들이 이력서를 보고 어떤 분야에 지원한 사람인지 알 수 없다면 입사 서류를 제출하는 것 자체가 무의미하다.

최근의 기업들이 현재 필요한 특정 분야만 모집하고 있으므로 지원 분야를 명확하게 기재하여 자신이 어떤 분야를 희망하는지 명시하는 것이 좋다. 사소해 보이는 작은 차이 하나가 지원자의 의지나 열의, 일에 대한 자신감을 말없이 대변해 주고 있음을 명심해야 한다.

(2) 희망 직위와 연관된 활동을 집중적으로 나타내라.

신입의 경우, 자신이 생각하기에는 별다른 경력이 될 것 같지 않은 사소한 일이라 생각하여 표기하지 않는 경우가 많다.

어떤 일이든 능동적으로 대처할 수 있는 사람이라는 인상을 심어주기 위해서라도 밋밋한 학창시절을 보낸 곱게 자란 이력보다는 자신의 경험을 효과적으로 서술하는 것이 좋다. 아르바이트 경력이나 자원봉사 등 지원 분야와 관련된 경력을 일목요연하게 정리하도록 한다.

No !

- ➤ 빈약한 자격요건을 보완하기 위해 자신의 이력서를 치장하지 말라.
- ➤ 보고서 표지, 두툼한 성적 증명서, 추천서 등은 회사가 요구하지 않는 한 이력서에 동봉하지 말라.
- ➤ 고용주가 새로운 직원으로부터 무엇을 원하는지 잊지 말아라.
- ➤ 너무 자랑하거나 너무 자존심이 강한 용어는 피하라

나. 경력의 이력서

(1) 업무의 연계성을 두고 기술하라.

가장 최근 혹은 가장 관련이 깊은 경력 2가지를 집중적으로 강조하여 준다. 회사에서 필요로 하는 커리어를 극대화하여 포장하고, 단순 나열이 아닌 전 직장에서의 업무 실적을 구체적인 수치 등으로 표현하여 업무 능력에 대한 신뢰감을 주어야 할 것이다.

(2) 업무 능력을 극대화하여 구체적으로 적어라.

이력서는 간단명료하게 적는 것이 원칙이지만, 보여줄 수 있는 것은 다 보여주어야 한다. 특정한 프로젝트에 참여한 경력이 있다면 그 업무에서 자신이 맡은 업무, 결과에 대해 간략하게 기재하여 준다.

실적을 보여 줄 때는 숫자를 강조해서 적는 것이 좋다. 예를 들어 '영업성과 우수' 라는 문장보다는 '전년대비 ○○부문에서 150% 증가' 식의 표현법이 좀 더 구체적으로 지원자의 능력을 가늠할 수 있는 자료가 될 것이다.

(3) 전 직장에 대해 간단히 언급하라.

예를 들어 같은 영업직이라 할지라도 제조분야와 정보통신 분야의 영업은 직무 능력 면에서 엄연히 다른 능력을 필요로 한다. 그러므로 짧게라도 전에 근무한 회사에 대한 설명을 덧붙이는 것이 좋다.

(4) 업무적인 능력 이외의 것도 간단히 기술하라.

경력사원이라면 업무적으로 주어지는 여러 상황에 대해 이미 프로나 마찬가지이다. 그렇다면 전 직장에서의 부서원 관리와 관련된 자기만의 방법이나 프로그램이 있었다면 적어 두는 것도 효과적일 것이다.

No !

➤ 자신의 경력을 일기 쓰듯 시간대별로 나열하지 말라.
➤ 지원 회사의 업무와 상관없는 내용은 과감히 빼라.
➤ 뻔한 사실과 기술적인 내용을 장황하게 나열하지 말라.
➤ 입사 후 들통날 과장된 능력 서술은 피하라.

6. 이력서 작성 후 체크리스트

평가 영역	점 검 사 항	✓
형식면	1. 친숙하고 판독이 가능한 활자체를 사용하였는가? 손으로 수정한 곳은 없어야 한다.	
	2. 관심을 끌만한 layout을 사용하였는가?	
	3. 오자, 문법적 실수는 없는가?	
	4. 간단한가?	
내용면	5. 핵심어가 정확한가?	
	6. 키워드를 포함하였는가?	
	7. 희망 직종 혹은 업종에 필요한 기능과 관련이 있는 당신의 기능을 적절히 항목에 배열하였는가?	
	8. 각 기능에 대해 적어도 한 가지 이상의 성과를 언급하였는가?	
	9. 각 성과는 숫자, 퍼센트, 금액 등을 수량화 하였는가?	
	10. 관계없는 직업, 오래된 직업, 파트타임, 임시직은 간단하게 요약하거나 생략하였는가?	
	11. 불필요한 요소를 포함하지 않았는가?	
	12. 가장 관련 있는 경력은 선택하였는가?	
	13. 중요한 정보들을 모두 포함시켰는가?	
	14. 당신의 구직을 희망 구직과 연결시켰는가?	
	15. 이력서가 면접으로 갈 수 있게끔 당신을 잘 나타내 주고 있는가?	

사례

CEO는 괴짜를 좋아해

IT(정보 · 통신)벤처 회사 아이씨뱅크의 면접 체크 리스트에는 '괴짜 지수'라는 항목이 들어있다. '얼마나 평범하지 않은지'를 살펴보는 것이다. "생선회에 대해 어떻게 생각하는가?" "돈 잘 버는 여자가 더 돈 많은 남자를 찾는다는데 정말 그런가?" 등 다소 엉뚱한 질문을 통해 지원자의 유머나 상상력을 본다. 김종우 대표는 "아직도 '괴짜'하면 부정적 이미지가 강하지만, 창의력과 풍부한 감성으로 무장한 괴짜들의 엉뚱한 발상에서 좋은 결과가 나오는 경우가 많다"고 말했다.

국내 CEO(최고경영자)들이 괴짜형 인재를 선호하는 것으로 11일 조사됐다. 삼성경제연구소 경영자 대상 사이트 'SERICEO'가 CEO 379명을 대상으로 설문 조사한 결과다. 응답자의 83.9%가 "괴짜 기질이 회사의 창의성을 높인데 도움이 된다."고 답했고, "도움이 되지 않는다."는 응답은 9.2%에 불과했다. "실제로 괴짜형 인재를 선호하느냐"라는 질문에 대해 응답한 CEO 중 63.9%가 "그렇다"고 대답했다.

하지만 현실적으로 회사에 괴짜형 인재가 많지는 않은 것으로 나타났다. "자신의 회사에 괴짜형 인재가 얼마나 있느냐"의 질문에 대해 "많다"는 응답은 3.4%에 불과했고, "별로 없다"는 응답(52.5%)이 가장 많았다. 39.6%는 "조금 있다"고 대답했고, "전혀 없다"는 4.5%였다. 삼성경제연구소 정두희 지식경영실 컨설턴트는 "아직까지 우리 사회에서 괴짜가 큰 환영을 받지 못하고 있는 게 현실"이라며 "하지만 기업 문화가 바뀌고 있고, 채용방식도 다양해지고 있어 외국처럼 괴짜형 인재가 많이 등장할 것"이라고 말했다.

한편 CEO를 대상으로 "자신이 괴짜라고 생각하느냐"고 물어본 결과 3분의 1(33.5%)가량이 "스스로 괴짜 기질이 많다고 생각한다"고 응답했다.

출처: 조선일보 2007년 6월 12일

제14장 사업계획서

제1절 사업계획서 작성방법

일반적으로 사업계획서는 계획사업이 어떤 방향으로 나아가고 있고 어떻게 목표에 도달할 수 있는지에 대해 설득력 있게 설명하는 문서라 말할 수 있다. 하지만, 기본적으로 사업계획서를 작성하는 것은 두 가지 이유에서다.

첫째, 사업계획서를 작성해 봄으로써 창업자가 자신이 하고자 하는 사업을 완벽하게 이해하고 있으며, 그에 따른 실천계획을 짜 본다는데 그 의의가 있다.

둘째, 현실적으로 사업계획서는 벤처캐피탈 혹은 엔젤 투자자들에게 자금조달을 목적으로 그들을 설득시키기 위해 작성하는 경우다.

이때는 특히, 재무계획에 있어 단지 수치만 제시하는 것이 아니라 그들이 납득할 만한 재무계획을 말해 주어야 한다.

1. 계획서 작성 시 체크사항

사업기회를 명확히 하고, 간결하면서도 효과적인 사업계획서를 작성하기 위해서는 다음의 7가지 질문에 각각 한 문장으로 답할 수 있어야 한다.

가) 당신의 제품은 무엇인가?

나) 누가 고객인가?

다) 누가 이것을 팔 것인가?(유통채널)

라) 실제로 얼마나 많은 사람들이 이 제품을 살 것인가?

마) 이 제품을 설계/생산하는데 얼마의 자본이 필요하며, 이것을 어떻게 확보할 것인가?

바) 제품의 가격은 어떠해야 하는가?

사) 언제 손익분기점에 도달할 수 있을 것인가?

제2절 사업계획서 내용

1. 사업계획서 요약문

요약문은 계획사업의 핵심내용과 그 가치를 집약해서 설명하는 페이지이다. 따라서 창업하고자 하는 아이템이 왜 존재해야 하고 누가 어떻게 실행하며, 그렇게 함으로써 사업을 성공시킬 수 있다는 것을 간결하고 설득력 있게 기술해야 한다. 특히, 투자자들에게 사업계획서의 얼굴이라고 할 수 있는 요약문은 매우 중요하다. 요약문은 되도록 두 페이지를 넘기지 않도록 해야 한다. 요약은 간결할수록 더 좋다.

사업계획서의 요약부분은 작성자가 계획사업을 완전히 이해하고 그것의 핵심내용을 축약하는 부분이므로 사업계획서의 다른 부분이 완성된 후에 작성하는 것이 바람직하다.

2. 산업 및 제품

가. 관련 산업 상황

해당 산업의 구조를 파악하고 현재의 상황과 앞으로의 전망을 제시한다. 그리고 시장 규모, 성장 추세, 경쟁업체 등에 대해서 간단히 언급한다.

나. 회사와 사업의 개념

창업하고자 하는 사업아이템의 개념을 기술한다. 즉, 창업할 회사가 무슨 사업을 하려고 하며 어떤 제품과 서비스를 제공할 것인지 그리고 주요고객은 누구이고 누가 될 것인지에 대해 설명한다.

다. 목표제품 및 서비스

주력제품과 서비스를 설명하고 차기아이템에 대해서도 언급한다. 제품과 서비스의 특성을 강조하고, 만약 이들의 경쟁제품이 있다면, 기존의 제품과 서비스와의 차별성을 설명한다. 그리고 향후 제품과 서비스의 개발계획에 대해서도 언급한다.

라. 시장진입 및 성장전략

제품과 서비스의 혁신성, 시기적인 이점 등 마케팅 계획에서의 주요 성공변수를 제시하고, 가격책정과 유통, 촉진 및 광고 전략을 설명한다. 그리고 최소한 5년 동안의 성장목표와 전략을 제시한다.

3. 시장조사와 분석

사업계획서 작성에서 시장조사와 분석은 가장 어려운 부분인 동시에 가장 중요한 부분의 하나이다. 시장조사와 분석을 잘 하려면 충분한 시간을 갖고 시장과 관련된 다양한 자료를 면밀하게 분석할 필요가 있다. 사업계획의 다른 부분들은 시장조사와 분석에 크게 의존한다.

이를테면 예상 매출액 수준은 제조 및 운영계획, 마케팅계획, 재무계획 등에 직접적으로 영향을 미친다. 그러므로 이 장은 사업계획의 다른 부분에 앞서 작성하는 것이 바람직하다.

가. 고객

제품과 서비스에 대한 고객이 누구이고 누가 될 것인지에 대해 구체적으로 논의한다. 잠재고객은 공통적인 성격을 가진 상대적으로 동질적인 그룹으로 분류할 필요가 있다. 고객에 대한 접근 난이도, 고객의 규모, 구매결정까지 걸리는 시간 등을 살펴본다. 그리고 가격, 품질, 서비스 등 구매결정에 영향을 미치는 요인을 기초로 고객의 구매과정을 설명한다.

나. 시장규모와 전망

향후 5년 동안의 전체 시장의 규모를 추정하고 제품과 서비스에 대한 시장부문별, 지역별 시장점유율을 물량과 금액면에서 전망한다. 그리고 산업동향, 사회경제적 추이, 인구이동 등 시장변동에 영향을 미치는 요소들을 살펴보고 최소한 향후 3년 동안의 연간 성장률을 예상한다.

다. 경쟁자분석

경쟁자의 강점과 약점에 대해서 평가한다. 대체 가능한 제품과 서비스, 그리고 그것들을 공급하는 회사를 열거한다. 그리고 시장점유율, 품질, 가격, 유통방법, 서비스 등에 기초해서 경쟁적인 혹은 대체 가능한 제품 및 서비스와 비교한다. 또한 이들 제품과 서비스의 장점과 약점을 분석하고 그것들이 고객의 욕구를 충족시키지 못하는 이유를 설명한다. 그리고 최근에 어떤 회사가 진입하고 이탈했으며, 그 이유가 무엇이었는지에 대해 살펴본다. 또한 3~4개의 주요 경쟁자를 선정해서 시장진입의 성공과 실패요인을 분석한다. 경쟁자를 분석함으로써 얻을 수 있는 이익은 새로운 혹은 개선된 제품과 서비스를 개발할 수 있으며 상대적으로 우월한 위치를 확보할 수 있다는 것이다.

라. 예상 시장점유율과 매출액

현재 혹은 장래에 예상되는 경쟁에 직면해서 팔 수 있는 제품과 서비스에 관해서 요약한다. 제품과 서비스의 시장규모와 전망, 고객, 경쟁자와 그들의 매출추이에 기초해서 향후 최소한 3년 동안의 시장점유율과 매출액을 수량과 금액면에서 추정한다.

4. 사업채산성 분석

① 예상 수익 : 총 이익 및 경상이익 규모
② 수익잠재력
③ 비용구조 : 고정비용 및 변동비용
④ 손익분기점
⑤ 현금흐름

5. 마케팅 계획

가. 전체 마케팅 전략

목표(target)시장의 가격 체계와 유통 경로하에서 회사의 특별한 마케팅 철학과 전략을 제시한다. 잠재고객이 누구이며 그들과 어떻게 접촉하고 서비스, 품질, 가격, 배달, 보증제도 등을 어떻게 판매에 연결시킬 것인지에 대해 논의한다. 만약에 혁신적이고 비상한 마케팅 전략이 있다면 그것에 대해서도 설명한다.

전국적 혹은 지역적으로 처음 도입할 제품과 서비스를 설명하고 추후의 판매확대에 대한 계획도 논의한다. 또한 계절적인 추이에 대해서도 살펴보고 시즌이 아닐 때 촉진할 방법을 제시한다.

나. 가격책정

제품과 서비스에 붙일 가격에 대해 논의하고 주요 경쟁자의 가격정책과 비교한다. 그리고 매출 총이익이 유통과 판매, 보증제도, 서비스, 개발 및 설비비용의 상환 등을 허용할 만큼 충분한지에 대해서도 논의한다. 또한 책정된 가격이 제품과 서비스를 받아들이고 경쟁에 직면해서 시장 점유율을 유지하고 발전시키며 이윤을 낳을 수 있는지에 대해 검토한다.

다. 판매전략

자체 판매, 판매 대리점, 유통업자, 기존업체의 판매조직, 다이렉트 판매 등 이용 가능한 판매수단을 열거하고 유통경로를 설명한다. 그리고 유통업자, 판매대리점 등의 선정방법을 밝히고 그들 각자가 올릴 예상 판매액을 제시한다. 자체 판매의 경우 연간 판매사원 당 판매액을 제시하고 업종평균과 비교한다. 다이렉트 판매를 이용한다면 이용 가능한 매체를 열거하고 예상 반응률을 밝힌다. 또한 초기 및 장기 판매계획을 제시한다.

라. 광고와 촉진

제품이나 서비스가 잠재고객의 관심을 불러일으킬 수 있는 방법을 제시한다. 매체 광고, 다이렉트 메일링, 텔레마케팅, 카탈로그, 판촉, 인쇄물, 광고 대행사의 활용 등에 대한 계획을 세운다. 촉진 및 광고 캠페인의 일정과 비용을 제시한다.

6. 개발계획

가) 제품개발현황 및 관련업무
나) 기술개발 위험도 분석
다) 제품개선 및 신제품
라) 개발비용
마) 특허권 등에 관한 사항

7. 입지 및 생산계획

가. 입지

계획사업의 지리적인 입지를 설명한다. 그리고 입지분석의 결과를 제시한다. 노동력을 이용할 수 있는 정도 및 질, 고객이나 공급자의 접근 용이성, 교통편의, 해당 지역의 세금과 법규 등의 관점에서 입지의 장점과 단점 등을 논의한다.

나. 생산전략과 계획

제품의 생산과 관련된 제조과정을 설명한다. 생산비용, 생산능력, 등의 문제는 물론 자금조달, 이용 가능한 노동력, 기술적인 문제의 관점에서 제조 및 운영계획을 설명한다. 이용 가능한 원자재, 노동력, 부품, 생산의 제경비 등에 대한 분석과 함께 다양한 매출 수준에서의 생산비 및 생산량에 관한 정보를 제시한다. 품질관리, 생산관리, 재고관리 방법을 논의하고 서비스 문제와 관련된 고객 불만족을 최소화하는 방법에 대해서도 설명한다.

다. 설비투자 계획

생산에 필요한 설비를 언제 어떻게 도입할 것인지에 대해 서술한다. 그리고 설비도입에 따른 규모의 경제를 논의한다. 또한 향후 3년 동안 도입할 예정인 설비와 관련해서 설비 확장방법과 시기 등을 제시한다.

라. 법규와 법적인 문제

계획사업 그리고 그 제품과 서비스에 적용되는 법률이나 규정에 어떤 것이 있는지, 이를테면 사업을 위한 면허사항, 허가 지역, 보건관련 허가사항, 환경 승인사항 등에 대해 논의한다. 그리고 계획사업에 영향을 줄 수 있는 현재 진행 중인 법규의 변동사항에 대해서도 파악한다.

8. 인원 및 조직계획

엔지니어 출신의 경우 강력하고 짜임새 있는 경영팀 조직을 구성해야 한다. 왜냐하면, 처음 창업을 시도하고자 하는 엔지니어들은 사업계획서를 준비하고, 투자를 유치하고 회사를 이끄는데 필요한 회사운영 및 사업경험을 갖지 못한다. 따라서 당신이 창업을 하는데 그리고 향후 회사운영을 하는데 도움을 줄 수 있는 강력한 경영팀을 구성해야 하는 것이 중요한 이유이다.

가. 경영조직

회사의 예상 조직도를 제시하고, 부문의 역할 및 그 책임자를 소개한다.

나. 핵심창업인력

주요 핵심 관리자의 이력과 노하우, 직무능력, 과거의 실적 등을 상세하게 기술하고 주어진 역할을 수행할 수 있는 능력을 보여준다. 주요 핵심 관리자의 정확한 임무와 책임을 설명한다.

다. 기타 투자자

이사회의 규모와 구성에 관한 회사의 철학을 논의한다. 예정된 이사회의 구성원을 제시하고 인적 사항을 밝힌다. 또 다른 투자자가 있다면 그들의 주식지분에 대해서도 설명한다.

라. 이사진 구성

9. 사업추진 일정

사업을 시작하고 그 목적을 실현하는데 필요한 주요 업무의 추진상황을 보여주는 사업추진 일정표는 사업계획의 기본적인 부분의 하나이다. 사업추진 일정표는 일반적으로 시장조사와 분석, 마케팅계획, 제조 및 운영계획, 재무계획, 인원 및 조직계획 등 전체 사업계획을 구성하는 세부계획의 각 항을 언제부터 언제까지 추진할 것인지를 밝히는 표라고 할 수 있다. 그러므로 사업추진 일정표에는 시장조사에서 피고용자의 채용에 이르기까지 일정한 관계가 있는 주요 업무가 모두 포함되어야 한다. 잘 짜여진 사업추진 일정표는 회사의 구성원들에게는 사업을 효율적으로 추진하게 하며 투자자들에게는 사업의 성공에 대한 신뢰도를 제고시켜 준다.

10. 고려사항

가. 예상되는 위험요인

나. 당면문제

다. 기본전제 및 가정

새로운 사업을 시작함에 있어 그 사업이 내포하고 있는 위험요소와 문제점들을 사전에 가정해 보고, 그 대책을 강구하는 과정은 매우 중요하다. 계획사업에 내포되어 있는 문제점과 위험요소에 대해 고찰하는 것은 그 충격을 최소화할 수 있는 가장 효과적인 방법이다. 이러한 과정을 통해서 계획사업에 대해 보다 깊은 이해를 할 수 있을 뿐만 아니라 외부의 이해 당사자들에게 자신감을 가질 수 있을 것이다. 잠재적인 투자자들의 최대의 관심은 사업계획서에 언급되지 않은 위험요소와 문제점들이며, 그들은 확신하게 될 때까지 그것들에 대해 집요하게 추적하고 문제를 제기할 것이다. 이들 문제점과 위험요소는 불리한 경기변동, 제조일정의 차질, 경쟁자에 의한 가격인하, 원자재나 부품조달의 어려움, 자금의 고갈 등 사업영역에 걸쳐 다양한 형태로 존재한다. 사업의 성패 여부는 이 같은 문제점과 위험요소를 어떻게 제거하고 극복하느냐에 달려있다.

11. 재무계획

재무계획은 추정 재무제표의 작성을 통해서 계획사업의 향후 재무상태와 경영성과 등을 제시하는 것이다. 이 같은 재무계획의 목적은 계획사업의 잠재력을 보여주고 구체적으로 소요자금의 규모와 그 타당성을 제시하기 위한 것이다.

특히, 재무계획을 준비하는데 있어 가장 어려운 부분은 그 메커니즘에 있는 것이 아니라 좋은 데이터를 얻는데 있다. 또한 재무계획을 세우기 전, 타켓시장과 경쟁구도를 명확히 이해해야 한다. 엔지니어들은 판매와 관련된 문제들은 차후문제라 생각하며 마케팅과 같은 부분을 무시하는 경향이 있다.

재무계획에는 사업계획서의 각 부문계획에 기초하여 추정 손익계산서, 추정 대차대조표, 추정 현금 흐름표 그리고 손익분기점 분석이 포함되어야 한다.

추정 손익계산서는 수익과 비용의 측면에서 계획사업의 경영성과를 파악하는데 사용되며 계획사업의 자본구조를 보여주는 추정 대차대조표는 부채항목을 통해서 자금조달계획을 세우는데 유용하게 사용된다. 그리고 현금의 유입과 유출을 예측하는 추정 현금 흐름표는 계획사업에서의 현금의 운용과정을 보여주고 있다. 또한 손익분기점 분석은 예상 매출액과 비용구조하에서 모든 비용을 커버하는 매출액 수준을 보여준다.

가. 추정 손익계산서

예상 매출액과 그에 따른 제조 및 운영비용을 기초로 하여 최소한 5년 동안의 추정 손익계산서를 작성한다. 그리고 추정 손익계산서 작성의 기초가 된 제조원가 명세서, 판매비 및 일반 관리비 등에 대해서도 논의한다. 또한 예상매출액이나 이익목표를 저해하는 주요 위험요소에 대해서도 살펴본다.

나. 추정 대차대조표

최소한 향후 3년 동안의 대차대조표를 작성한다.

다. 추정 현금 흐름표

사업 첫 해에는 매달 그리고 다음 2년 동안은 적어도 4분기마다 현금의 유입과 유출을 분석한다.

라. 손익분기점 분석

손익분기점을 계산하고 손익분기점 도표를 그려봄으로써 예상매출액으로 언제 손익분기점에 도달할 수 있으며, 그 도달의 용이성 및 그 시기를 앞당길 수 있는 방법 등에 대해 검토한다.

12. 투자조건

가. 조달하고자 하는 자금규모

나. 투자요청내역 및 투자조건

다. 자금활용계획 및 투자가의 예상수입

계획사업에 필요한 자금의 규모를 확정하고, 소요자금에서 자기자본을 제외한 자금에 대한 조달 계획을 세운다.

●› 사례

20代들 '취업보다 창업'

친구끼리 동업 붐… 부모들 지원사격…

패션브랜드 'mmyo'의 박미호(여 · 26)대표는 친구와 후배를 포함, 6명의 20대 여성 직원을 이끌고 있는 어엿한 '사장님'이다. 인터넷 쇼핑몰 WIZWID 와 신세계몰 · CJ몰 등지에서 지난해 3월부터 1년간 거든 매출은 13억원. 성균관대 경영학과를 작년에 졸업한 박 대표는 "캐나다 어학연수 도중 그곳의 최대 쇼핑몰을 둘러보고 의류사업의 무궁한 비전을 느꼈다"고 했다. 사업성과는 기대 이상이었다. 부모님으로부터 빌린 3000만원은 6개월 만에 다 갚았다. 업계에선 20대 여성 CEO(최고경영자)가 브랜드 기획 · 디자인을 지휘하고 있는 것을 관심 있게 지켜보고 있다. 박 대표는 "주변에서 나를 공무원이나 대기업 시험을 준비할 어린 나이로 봐줄 때가 제일 답답하다"면서 "젊었을 때 창업한 게 정말 잘 한 것 같다"고 말했다.

지하철 서울대입구역 근처에서 퓨전치킨호프 전문점 치킨매니아를 운영하고 있는 유희철(25)씨는 대학을 중퇴하고 창업에 도전했다. 유씨는 "처음부터 취업은 아예 생각조차 하지 않았다"며 "아내를 설득해 집 전세금 5000만원을 빼내 사업자금으로 삼고, 잠시 처가 신세를 지기로 했다"고 말했다.

20대 젊은이들이 창업시장에 뛰어 들고 있다. 취업 · 창업시장에서는 요즘 '청년 창업' 대신 '20대 창업'이란 말이 더 유행할 정도다. 창업 나이는 확실히 낮아졌다. 예전엔 30대 중 · 후반이 돼야 개인사업을 벌이는 경우가 많았다면 요즘엔 첫 창업 연령대가 20대로 대폭 낮아졌다.

이유는 다양하다. 우선 성취감을 우선시하는 개성 있는 젊은층이 많아졌다. 아울러 '100만 청년백수' 시대에 눈높이에 맞는 취직이 어려워진 점도 한 원인이다. 이보다 근본적인 원인은 청년들의 직업관이 바뀌고 있기 때문이다. 뿌리 깊게 박혀 있던 사농공상(士農工商)의 유교적 전통이 사라지고 창업이 인생의 진로를 선택하는 하나의 방법이라는 인식이 자리 잡고 있다는 것이다.

부모도 창업에 적극적

요즘 창업의 특징은 부모들이 적극적이라는 것이다. 경기도 동두천 · 전곡에서 편의점 GS25 2개 점포를 경영하고 있는 양영찬(29)씨는 "중소기업에 1년 6개월

간 근무했지만 비전이 없는 것 같아 아버지로부터 대출 받은 4000만원과 그동안 모은 돈으로 개인 사업을 벌이고 있다"고 말했다. 양씨는 부동산학을 전공한 대학원 졸업자다.

GS25는 "올 들어 3개월간 20대 창업상담 건수가 112건으로, 지난해 같은 기간 51건에 비해 두 배 이상 증가했다"고 밝혔다. 이 회사 관계자는 "요즘 부모는 자식들의 취직만을 고집하지 않고 조건만 괜찮으면 창업 자금을 지원하겠다는 생각을 하고 있다"고 말했다.

'짱구야 학교 가자' 주점 브랜드를 운영 중인 이휘열 대표도 "중산층 부모들의 적극적인 지지로 최근 문을 연 12개 가맹점 중 5곳이 20대가 주인"이라고 했다.

친구들과 동업도 요즘 증가

20대 공동창업도 느는 추세다. 창업 연령이 내려갈수록 종자돈이 모자란 경우가 많아서다. 특히 노동력이 많이 드는 주점이나 아이디어와 기술력을 필요로 하는 컴퓨터, 자동차 관련 업종에서 두드러진다.

자동차 외장관리 및 실내외 환경 관리업체인 맥과이어스는 올해 들어 6개 가맹점을 20대에게 내줬다. 이중 2곳은 가맹점주가 2명 이상인 팀이었다.

맥과이어스 김일환 사장은 "요즘 젊은이들은 일정기간 함께 일한 뒤 각자 독립하자고 약정을 맺는 경우가 많아 중간에 동업이 깨지는 경우가 기성세대보다 적다"고 말했다. 퓨전 주점 프랜차이즈업체인 피쉬앤그릴은 "작년과 올해 문을 연 150개 점포 중 50개가 20대 창업자를 주인으로 맞이했다"고 말했다. 이중 10개 점포는 친구끼리 동업을 한 경우다.

벤처 붐에 이은 제2의 창업 붐으로 이어질까

대학생 창업동아리 연합회(KOSEN) 서울지역본부에 따르면 연합회 규모는 30여 동아리에 회원수 1만 명 정도다. 서울지역본부 김신라(덕성여대 4년)회장은 "창업동아리 가입자 수가 벤처 붐이 한창이던 2000년대 초반보다 못하지만, 지금 활동 중인 학생들은 그때보다 훨씬 진지하게 창업을 고민하고 있다"고 말했다. 그는 "요즘 창업희망자의 관심분야도 IT뿐 아니라 패션·유통으로 다양해졌다."고 덧붙였다.

청년 창업에 대해 장밋빛 환상을 갖는 것은 금물이라는 우려의 목소리도 나오고 있다. 자신의 인생을 개척해 성공을 일궈가는 청년창업자들도 있지만 반대로 돈만 까먹는 경우도 많은 것이 현실이기 때문이다.

강병오 FC창업코리아 대표는 "도피성 창업보다는 우수한 인재들이 대기업보다 기회가 많은 창업으로 승부를 거는 사회분위기가 형성돼야 한다."고 말했다.

출처: 조선일보 2007년 6월 22일

참고문헌

기업금융연구원/예스폼, 준비된 인재의 성공취업, 기업금융연구원, 2006

기호익, 직장생활과 예절, 도서출판 두남, 2005

김병진 외, 생활과 직업윤리, 법문사, 1999

김승묵, 대학생활과 취업준비, 도서출판 두남, 2007

김영신 옮김, 기획력을 기른다, 지식공작소, 2003

김재원, 취업과 경력개발, 법문사, 1997

문희화, 회사의 모든 것을 알게 할 46가지 비결, 한국생산성본부, 1992

어치브코리아, 상담스킬, 어치브코리아출판부, 2005

어치브코리아, 협상스킬, 어치브코리아출판부, 2005

오성환, 취업창업의 성공전략, 도서출판 두남, 2004

이재규 옮김, 피터 드러커의 미래경영, 한국경제신문사, 2002

전타식, 인간 중심의 경영의 이해, 도서출판 두남, 2007

정회현 외, 기획능력을 키워야 성공할 수 있다, 도서출판 두남, 2005

조선일보 2007년 7월 16일자

조선일보 2007년 7월 2일자

조선일보 제 26874호

조선일보 2007년 6월 22일자

조선일보 2007년 6월 15일자

조선일보 2007년 6월 12일자

조선일보 2007년 6월 7일자

조선일보 2007년 6월 5일자

조선일보 2007년 6월

CBS 2007년 5월 21일자

→ 저자소개

전 타 식

현) 신성대학 호텔관광과(마케팅 전공) 교수
동남보건대학 교수
경희사이버대학교 강사
유한대학 겸임교수
리더스컨설팅그룹 책임컨설턴트(기업체 브랜드 컨설팅 수행)
엑스퍼트컨설팅그룹 어치브코리아 전임강사
(삼성그룹, LG그룹 등 기업체 마케팅, 유통, 영업 등 강의 수행)
삼보컴퓨터 팀장 역임(마케팅, 국내영업, 해외영업부문에서 근무)
청운메카텍 마케팅 이사 역임
CJ홈쇼핑, GS홈쇼핑 등 방송 출연('디지털리스트' 로 활동)
외식 및 창업 컨설턴트로 활동(보성녹돈 초록愛 등 컨설팅 수행)

인천대학교 경영학 박사(마케팅 전공)
중앙대학교 경영학 석사(마케팅 전공)

(저서)

나는 오늘도 CEO가 된다(2003)
상황별로 활용하는 실무유통영어 A to Z(2007)
인간중심의 경영의 이해(2007)
성공하는 비즈니스마케팅(2007) 등

TV홈쇼핑에서 프로모션이 구매행동에 미치는 영향에 관한 연구
중소형 프랜차이즈 유통시스템에서 가맹점의 갈등에 관한 질적 연구
정보기술 활용과 영업사원의 서비스공정성이 고객반응에 미치는 영향
제품유형에 따른 TV홈쇼핑 쇼호스트의 신뢰성이 소비자반응에 미치는 영향 외 다수

성공하는 Business 마케팅

초 판 1쇄 발행 —— 2007년 8월 25일
초 판 2쇄 발행 —— 2008년 2월 25일
초 판 3쇄 발행 —— 2017년 12월 20일
지은이 —— 전 타 식
펴낸이 —— 전 두 표
펴낸데 —— 도서출판 **두남**
서울시 강동구 성내로6길 34-16 두남빌딩
신 고 : 제25100-1988-9호
TEL : 02) 478-2065~7, 2311
FAX : 02) 478-2068
E-mail : dunam1@unitel.co.kr
http://www.dunam.co.kr

정가 15,000원

ISBN 978-89-8404-866-9 13320